世界中の大富豪はなぜNZ《ニュージーランド》に殺到するのか!? 上

The reason New Zealand keeps attracting the rich in the world.

浅井隆

第二海援隊

まさかこれがニュージーランドとは。まるで朝、熱帯のトロピカル最高級ホテルから撮ったような風景。しかもこれは、一般の住宅から撮ったものである。日本にこのような家と風景は存在しない。
（浅井隆撮影。以下、巻頭グラビア全て村田康治氏撮影）

でたったの 25 分のところに庭が 5 ヘクタールというハリウッド映画に出てきそうな大豪邸がたくさん存在する。しかも、その豪邸に普通のサラリーマンが住んでいる。それは、相続税とキャピタルゲイン課税がないからだ。まさに天国に一番近い島（国）がこのＮＺなのだ。

この写真は、オークランドの都心からすぐ近くの高級住宅街ミッション・ベイのすぐ前のビーチ。「これぞＮＺ！」といったワンショットである。日本と違い、人々の生活はゆったりしている。

日本人のほとんどがニュージーランドに対して羊の国というイメージしか持っていないが、実際に行くと絶句するようなビーチがあり（しかもそれが住宅街の真ん前にある）、スイスなみの氷河があり、さらにはノルウェーにしかないと思っていたフィヨルドも無数に存在する。自然の恵みと美しさを求めるあなたならば､「今までどうしてこの国を知らなかったのだろう」と後悔するはずだ。日本では見ることのできない天空の大銀河があり、最大都市オークランドの中心部から、道が空いていれば車

南島クイーンズタウンのワカティプ湖

クイーンズタウン近くの
アロータウンは
のんびりした田舎町だ

住宅街のすぐ前までイルカがやってくる

南島クイーンズタウン近くの
ミルブルックリゾート

北島にそびえ立つ
富士山のような
タラナキ山

マウントクック周辺の大氷河（タスマン氷河）

オークランド中心部から車で１時間のところにあるムリワイビーチ

プロローグ

全世界が今、注目する国〝ニュージーランド〟

合衆国大統領選でトランプが予想外の当選を果たしたことで、今、信じられないブームが巻き起こっている。アメリカの首都ワシントンのニュージーランド（以下ＮＺ）大使館に、移住希望者が殺到しているのだ。つまり、〝自由の国アメリカ〟が消滅することを恐れた純粋なアメリカ人達が、さらなる新天地としてＮＺを選び始めたのだ。

実は、トランプ就任のはるか前から、人知れずＮＺには世界中から多くの人が殺到していた。というのも、パリに続きベルギー、南仏ニース、そしてロンドンでもＩＳ（イスラム国）のテロが発生し、その巨大な不安から逃れるためである。日本のみならず海外からも観光客、投資家、そしてあらゆる平和と安全を求める人々が、世界で一番クリーンでセイフティーな国であるＮＺへと向かっていたのである。

私は、二〇年近く前からもっとも安全な国として、ＮＺを本や講演会で推薦してきたが、いよいよそれが世界中から認められた形だ。かつて『渚にて』という核戦争を描いた小説（映画名は『エンド・オブ・ザ・ワールド』）があったが、その映画の中でもＮＺだけが核攻撃を受けずに生き残る、というストーリーになっていた。そのストーリー通り、この国はどの国とも敵対しておらず、核兵器ももちろん保有していない。軍隊もあるがその数はわずかで、核攻撃の対象とはなり得ない。非核原則を徹底して貫いており、原発を国内に作らせないだけでなく核物質の持ち込みも一切禁止しており、あり得ないような話だが核兵器を積んだ米国の軍艦の入港も拒否している。ＩＳとの戦いにおいても戦闘員の派兵はしておらず、テロの対象にもなりにくい。そう、ＮＺはテロ、戦争から世界で一番遠い国なのだ。

その上、政府の借金も日本に比べて極めて少なく、財政上も健全な国である。それに伴って銀行の安全性も高く、「ＡＳＢ」などＡＡ（ダブルＡ）の高格付けの銀行がいくつか存在する。しかも、このマイナス金利の時代に三・二五％

（一年定期預金）もの利息を付けてくれるのである。

そして、驚くべきは「税金」の話である。まず相続税がない。次に贈与税もない。しかもキャピタルゲイン課税さえないのだ（一六二ページ参照）。キャピタルゲイン課税とは、不動産でも株でも何か買って値上がりした時には売却時にその値上がりした分の利益に対して課税されるもので、日本では当然課税されるがＮＺではその負担が一切ないのだ。そのためにＮＺでは、日本人が見れば豪邸ともいえる家に一般庶民が普通に住んでいる。

そして高速道路料金もない。ほんの一部の区間をのぞいてあとはすべて無料である。ＮＺ人に「日本では高速道路料金は有料で、しかも高い」と話すと「信じられない！」という反応と共に「どうして一般の税金を取った上にさらに税金を取るのか」という質問が返ってくる。「料金」というから勘違いするわけで、高速道路料金は海外のまともな国では税金と考えられているのだ。

また、ＮＺは日本人が知らない不思議な一面も持っている。最近、ＮＺは「南太平洋のシリコンバレー」と呼ばれているのだ。ＮＺは、ＩＴ関連の輸出額が酪農や観光に次いで第三位となっている。世界銀行が発表している「ビジネスのしやすさランキング」でシンガポールを抜いて世界第一位に選ばれ、ITの潜在成長力に注目が集まっている。NZ政府は、IT起業家や投資家を対象とした特別なビザを二〇一七年から発給する予定だ。世界中から高度な人材と資金を呼び込み、IT産業を将来のNZの中核産業に押し上げる計画だ。

さらに、食糧自給率も日本の四〇%に対して三〇〇%と信じがたいほど高く、将来、全地球規模の食糧危機がやってきてもなんともない。

しかも、世界でもっとも美しい大自然と環境が残っている。NZの空港に降り立つと、あまりにも美味しい空気に大変な爽快感を味わうことができる。国土の面積は広大というほどではないが、日本の七割ほどの大地に氷河からスイス並みの峻嶮《しゅんけん》な山々、そして湯量豊富な温泉から美しい湖まで、私たちの目を楽しませてくれるありとあらゆるものが存在している。まさに、大自然の宝庫なのだ。

しかも、白人国家にも関わらず人種差別がほとんどない。そして、NZ人は

〝キーウィ〟という、もふもふした飛べないかわいらしい鳥の名前と同じ愛称で呼ばれるように、世界一親切でお人好しと言われている。

このように、あらゆる意味でＮＺこそ、最後の自由で安全なフロンティアなのだ。殺到するアメリカ人の希望に対してＮＺ側も移民枠を大幅に増やし、五万数千人とする予定である。自由の女神像は、ひょっとすると一〇〇年後にはＮＺ、オークランド港の入り口に立っているかもしれない。

ならば、ＮＺを利用しない手はない。ＮＺにぜひ一度行ってみて、自分の目でこの世界一素晴らしい国の本当の姿を確かめてみよう。本書では〈上〉巻でＮＺの素晴らしさを、〈下〉巻でその具体的利用方法を詳しく解説している。ぜひ、上下巻を通読されて、あなたの次なる人生のステップアップのために活用していただきたい。

二〇一七年六月吉日

浅井　隆

世界中の大富豪はなぜNZに殺到するのか!?〈上〉――目次

第二章　食糧自給率三〇〇％——しかも原発もない！

第三章　目を奪われる不動産の数々
――庭が二ヘクタールという家がゴロゴロ

第四章　夢のロングステイ先
——三ヵ月までノービザで滞在可能

取材協力：キウィサポート　村田康治　上田希瀬理

※注　本書では一NZドル＝八〇円で計算しました。

第一章　ロード・オブ・ザ・リングの風景

——世界一美しい国土

映画のロケ地として有名なニュージーランド

世界的大ヒットとなった映画『ロード・オブ・ザ・リング』。実は、その風景のほとんどがこのニュージーランド（以下NZ）で撮影されていたことを知っている人はあまりいない。まったく不思議なことだが、お隣りのオーストラリアは国土が広大なわりに景色が単調で、どこまで車で走ってもただただ平坦で変わり映えのしない砂漠であるのに対して、NZは一時間ドライブしてみればわかることだが、変化に富んだ雄大な景色を持ち、ただただ圧倒される。特に、南島の観光地クイーンズタウンでヘリをチャーターして飛び立てば、スイスアルプスを超える白銀の峰々があなたを迎えてくれる。雪解け水が作り出す無数の滝あり、山の中腹のコバルトブルーの湖あり、針のように切り立った無数の峰々もある。映画の世界どころか、映画を超える世界がそこには広がっている。『ロード・オブ・ザ・リング』にはうって付けのロケ地だったのだ。

今から一〇数年前のことだ。毎年二回ずつ訪れるＮＺ南島の観光地クイーンズタウンから車で二時間の山奥で、私は信じられない光景を見た。クイーンズタウンは「女王陛下が住むにふさわしい町」といういわれの通り、世界一景色の美しい静かな町だが、そこから車で氷河が作った巨大な湖ワカティプ湖にそって北上し、雄大な景色にうっとりしながら一時間ほど走ると、最後の小さな町グレノーキーに到着する。そこからさらに白銀の峰々をめざして山里へ一時間ほど入ると、「パラダイス」という地名の盆地にたどりつく。農家が二軒ほどしかない山里の地だが、その土ぼこり舞う農道で、私はわが目を疑う光景を目撃することとなる。

巨大な消防車やクレーン車とも違う、不思議な機材を搭載した重さ二〇トンほどの特殊車両が、一〇台ほどズラリと並んで山奥から出てきたのだ。人生で一度も見たことのないような、特別なクレーンや照明を搭載した特殊車両だ。「これは一体、なんだ。しかも、人里離れたこの山里で⁉」。しかし、私の脳裏にはすぐ次のことが思い浮かんだ。「これは映画の撮影だな。しかも、かなり大がかりな世界的な作品の……」。それから二年ほどして、あの『ロード・オブ・ザ・リング』が上映された。私のカンは的中した。一七ページの地図を見て頂ければわかる通り、『ロード・オブ・ザ・リング』は北島の三ヵ所、南島の三ヵ所の計六ヵ所で主に撮影されている。

この他にも『ホビット』や『ナルニア国物語』もNZがロケ地となっている。また、トム・クルーズ主演で日本でもかつて話題をよんだ『ラスト サムライ』の戦闘シーンは、北島の名峰タラナキ山（英語名：マウントエグモント）のふもとで撮影されている。さらに少し古い映画になるが、『戦場のメリークリスマス』も北島の数ヵ所で撮影されているのだ。

では、なぜNZなのか。それこそ、この国が雄大な景色と変化にとんだ地形に溢れているからだ。

そうは思えないのだが、NZは日本より大分国土が狭い国である。日本の七割程度しか国土がないのだ。大体、日本から北海道と九州を取ったくらいの雰囲気と思っていただければ良いだろう。しかし、その程度の島の上になんと世

『ロード・オブ・ザ・リング』の主なロケ地

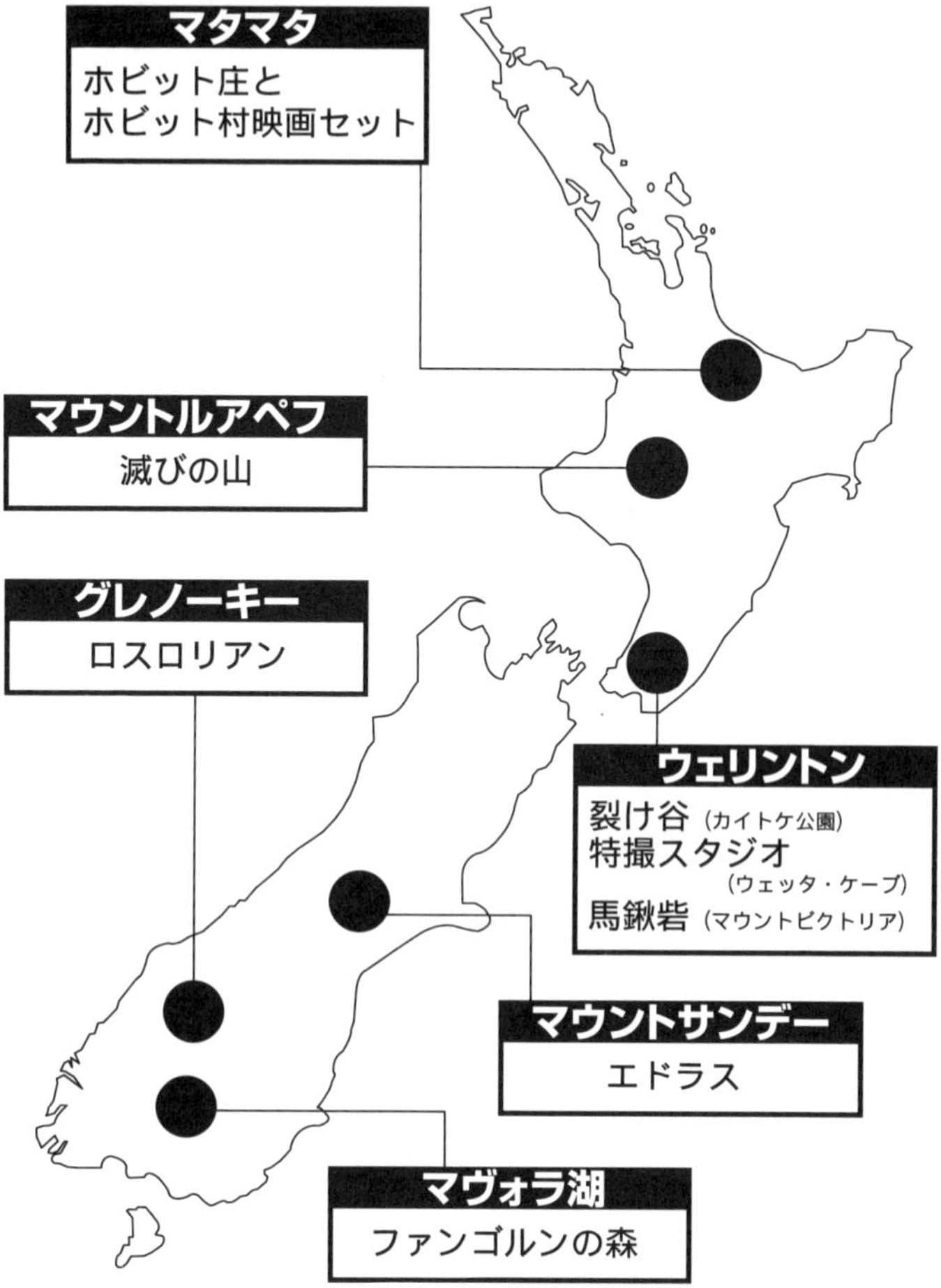

界有数の氷河から間欠泉付きの温泉地帯まで、また亜熱帯を感じさせるシダから極寒をイメージさせるペンギンまで、ありとあらゆるものが存在している。日本も亜熱帯の沖縄から冬はマイナス二〇度にもなる北海道まで、東西南北に長く展開する島国だが、ある意味似ていると言っても良いかもしれない。この地球という水の惑星の上に、ちょうど斜めに横たわっているのも似ているし、さらにびっくりすることに、形そのものが実にそっくりなのだ。NZの北島は北海道そのものだし、南島は本州そのものだ。南半球と北半球という違いはあるが、平行移動すれば重なるような感じがするではないか。

緯度も同じようなところにあるのも不思議だ。日本最大の都市で首都でもある東京が北緯三五度であるのに対し、首都ではないがやはり最大の都市であるオークランドは南緯三六度である。ただし、東京は日本列島のほぼ中央に位置するのに対し、オークランドはかなり北に位置している（南半球なので北ほど赤道に近くて暖かい。南ほど南極に近いので寒い）ので、国土全体としては日本より赤道から遠い（極地に近い）わけで、一年を通じて日本より涼しい。た

『ロード・オブ・ザ・リング』
を彷彿とさせるNZの山々

（村田康治氏撮影）

とえば、経済都市オークランドでは夏の暑い日でもせいぜい最高気温二八度である。涼しい日は二三度くらいしかない。クーラーなしでは夜も眠れない東京とは、大分違う。

ここで少し、NZが南半球にあるということについて説明しておこう。私たち日本人はどうしても北半球に住んでいるために、北半球の常識がそのまますべての常識になっている。たとえば、日本では家やマンションを買う時に「南向き」が当たり前だが、NZではもちろん「北向き」が当たり前である。太陽は東から上がって〝北〟を通って西へ沈むのであり、間違っても南側ではない。NZでは、あくまでも日当たりのいい家というのは〝北向き〟なのである。

二〇数年前のバブル全盛期のことだが、NZで冗談のような笑い話があった。ある日本人がNZにやってきて、この国が大層気に入って家をぜひ欲しいということになった。不動産屋に飛び込んだジャパン氏は、不動産屋に向かってこう叫んだ。「南向きのいい家を探してくれ‼」。いぶかる不動産屋が、「本当に南向きでいいのか」と何回も聞きかえしたが、そのジャパン氏はまったく聞く耳を持たず、「何を言ってるんだ。家は南向きに決まってるじゃないか」と言い張った。三日後、その不動産屋の案内で数件の家を見たジャパン氏は急に怒り出した。「どうしてこんな日当りの悪い家ばかり見せるんだ」。それに対して不動産屋もムカッとして「だって、あなたが南向きの家がいいと言い張ったではないか」。

また、ＮＺは南半球にあるために夜空の様相も日本とは大分異なる。日本では沖縄など一部の地域以外では絶対見ることのできない、「南十字星」を見ることもできる。しかし、捜す時にはコツがいる。近くに似た形をしていてもっと大きな面積を占める「ニセ十字星」があるために、それを南十字星と思い込んでいる日本人観光客も多いとか。ＮＺは汚染もほとんどなく田舎に行けば町の灯りもないため、夜空を見上げるには最高の条件がそろっている。星を見るためのツアーもあるほどで、それについては後ほど詳しく解説したい。

ところで、南半球であることとの優位点があるのをご存知だろうか。実は、地球の表面にある大気というのは、北半球と南半球とであまり混じりあわないようになっているのだ。赤道のところに一種の空気の壁のようなものがあって、簡単には混ざらないようになっている。そのことが、大気汚染という観点からＮＺに大きな利点をもたらしている。つまり、ほとんどの人類は北半球に住んでいるために工場も多く、北半球の方が大気汚染も深刻だ。ましてや最近は中国が排出する人類史上最悪といわれるＰＭ2.5が大問題となっているが、それが偏西風に乗って来て、日本にも大変な被害をもたらしている。ＮＺは南半球にあるため、そうした大気汚染の影響を受けづらい。今後ますます人口は増え、世界中の人々の生活水準が新興国を中心に上がる中で、汚染の問題は極めて深刻になっていく。そうした中で、ＮＺは地上最後に残されたピュアで汚染のない美しい国土ということで、ますます注目されることだろう。

ヘビも猛獣もいない国

ではここで、太古にまで地球の歴史を遡って、ＮＺの大地の起源に迫ってみよう。今からおよそ二億五〇〇〇万年前、まだ恐竜がこの地上にいなかった頃である。恐竜はその直後に登場する。その頃、地球上にいくつかに分かれていた大陸がすべて集合し、「パンゲア」という超大陸を造り上げた。超大陸ができると、大陸のぶ厚い岩盤によって地下のマグマが行き場を失うため、超大陸の直下に途方もない量のマグマが溜まってスーパープルーム（巨大マグマの塊の上昇現象）が誕生する。やがて、このスーパープルームの巨大な圧力で、超大陸はいくつかの大陸に分かれ始めた。そして、ローラシア大陸とゴンドワナ大陸の二つに分かれることになった。最初のローラシア大陸がやがてユーラシア大陸と北アメリカ大陸に分離する。つまりヨーロッパ、アジア、北中米という北半球の陸地のほとんどが、ローラシア大陸という同じ起源を持つことになる。

一方、後者のゴンドワナ大陸は、東ゴンドワナ大陸と西ゴンドワナ大陸に分かれていく。そして東ゴンドワナ大陸から南極大陸、オーストラリア大陸、インド亜大陸が分かれ、西ゴンドワナ大陸からアフリカ大陸と南アメリカ大陸が誕生する。

このように、ＮＺを含む南半球のほとんどの陸地が、ゴンドワナ大陸に起源を持つ。このことが、ダチョウやエミューなどの飛べない鳥が北半球にはいない理由となっている。ＮＺ自体は白亜紀前期にオーストラリア大陸から分かれ漂流を始めたようだ。ところで、ちょっと不思議でにわかには信じがたいことだが、このＮＺにはヘビが一切いないのだ。毒ヘビどころか、一般のヘビさえまったく生息していない。ヘビ嫌いの人にとってはまさにパラダイスのようなところだ。では、なぜヘビがいないのか。一説によると、その昔、ＮＺは海底に沈んだことがあるという。水没によって動植物は全滅、もちろんすべてのヘビも天国行きとなった。しばらくして再び隆起した島には、風で遠くから吹き飛ばされてきた植物の種や鳥だけが再上陸できた。

それだけではない。ＮＺには猛獣も一切いないのだ。トラ、クマ、ワニ、ピューマのような他の動物を食ってしまうような、そして人間に危害を加えそうな牙や爪を持ったどう猛な野生動物がまったくいないのだ。オークランド近郊でドライバーをやっているロバートが、かつて面白いことを言っていた。「Mr.

五大陸の起源

ローラシア大陸
北アメリカ
ユーラシア
アラビア半島
南アメリカ
アフリカ
マダガスカル
東ゴンドワナ大陸
インド
オーストラリア
西ゴンドワナ
大陸
南極大陸
ゴンドワナ大陸

アサイ、このNZには気持ちの悪いヘビも人を食うようなとんでもない猛獣もいない。本当に平和で安全な島だよ。ただし、一種類だけとんでもなく危険な生物がいる。知っているか⁉」。私がキョトンとして「そんな恐ろしい生き物がこのNZにいるのか?」と聞き返すと、ロバートは「いるとも、オレの女房だ‼」と大声でわめき始めた。それくらい安全な島なのだ。

安全ということで言えば、この国には狂牛病もまったくない。孤島で他の陸地から遠く離れているために、他の場所の汚染も病害虫や病気も簡単にはやってこられない。日本と違ってシロアリも少なく、湿気も日本と比べて低いため、住宅が本当によくもつ。ちなみに、NZでは戸建ては中古住宅の売買がほとんどだが、日本のように築二五年で減価償却して価値がゼロになるということもない。むしろ八〇年以上前の家で、今ではなかなか入手困難な希少な木材で造られている物件などは、信じられないほどの高値で取引されている。しかも、NZ人は家も庭も自ら手入れしてキレイに維持する。さすが、イギリスに統治されていた国だ。

ＮＺの最南端には
ペンギンも住んでいる

この鳥はNZを代表する野鳥トゥイ。日本にはいない、独特で不思議な鳴き声に魅惑される人が多い。首のところに白い羽毛が付いているのが特徴

（上２枚：村田康治氏撮影
下：第二海援隊取材班撮影）

ところで、ＮＺには大変貴重な木が存在する。非常に堅くて重いのが特徴で、名前は「カウリ」という。ＮＺ人にとってこのカウリは、「神の木」ともいわれるほど大事なもので、現在では伐採は一切禁止されている。自然に倒れて沼のドロの中に数千年も埋もれていたものを掘り起こして、テーブルやお盆などにして使われている。しかも、値段は大変高価である。八〇年以上前に建てられた瀟洒《しょうしゃ》な家の中には床が全面カウリ張りというものがたまにあるが、キーウィ（ＮＺ人の愛称）の憧れの的である。かつてＮＺの大地にはたくさんのカウリの木が生えていたらしいが、開拓時代にほとんどが伐採されて大英帝国などに輸出されてしまった。日本でいえば、樹齢数百年の美しく巨大なヒノキのようなものであろう。

日本と同じ火山国

さて、話は再びＮＺの大自然に戻るが、まず私たち日本人が大好きな温泉の話から始めよう。ＮＺには、極めてたくさんの火山がある。ＮＺの中では巨大都市といえるオークランドの町の中にさえ、その痕跡が多数残っている。

オークランドのダウンタウンに東京タワーのようにそびえ立つ、高さ三二八メートルのスカイタワーがあるが、そのてっぺんの展望台から眺めると、オークランドの町が不思議な地形をしているのがわかる。まるで地球から噴き出した巨大なニキビのように、小さな火口が適度な間隔をおいて点在しているのだ。

その中でも都心に近く有名なのが、マウントイーデンだ。標高一九六メートル、火口の直径が一八〇メートルほどのこの小山は、まさに格好の展望台で天気の良い日に頂上に立つとオークランドの全景、緑豊かな住宅街からランギトト島やはるかかなたの山脈まで、雄大な景色が見渡せる。しかも、この大都会のど真ん中にも関わらず、空気の美味しいこと。ここを訪れた誰もが深呼吸をせずにはいられない。

いずれにせよ、大都会オークランドの街のど真ん中に火山の火口がいくつもボコボコと大きな口を開けているのだ。しかも、さっき紹介したランギトト島自体が今もいつ噴火するかわからない活火山だ。実際、今からたったの六〇〇年前に大噴火を起こしている。ちょうど富士山を上から押しつぶしたような形をしており、ヘリから眺めると溶岩の流れた跡が今でもよくわかる。

　このようにＮＺには火山が多いが、特に北島は火山の噴火によってできたようなものだ。北島のほぼ中央、オークランドから南へ二三〇キロメートルほど下がったところに有名な温泉地「ロトルア」がある。世界一のラジウム温泉として名高いこの温泉には大規模な間欠泉もあり、一度は訪れる価値がある。しかし、行って見て温泉に入るとがっかりするかもしれない。なにしろ温泉は温泉だが、水着を着てプールのようなところへ入るのだ。日本のような露天風呂や岩風呂、さらには檜風呂といった風情はまったくないし、完全なすっぽんぽんでタオルを持って入るというものでもない。日本ならば、風光明媚な地に雰囲気のある温泉旅館が立ち並び、浴衣姿でゲタを履いてカランカランとお散歩……などといきたいところだが、あの光景はあり得ない。あっけらかんとしたプールに水着で入るしかない。

かつて噴火した火口がそのまま
残っているマウントイーデン

オークランド中心部にそびえ
立つ、ほぼ東京タワーと同じ
高さのスカイタワー。
これは、チャイニーズニュー
イヤーの花火打ち上げの際に
撮られた写真

（村田康治氏撮影）

観光地

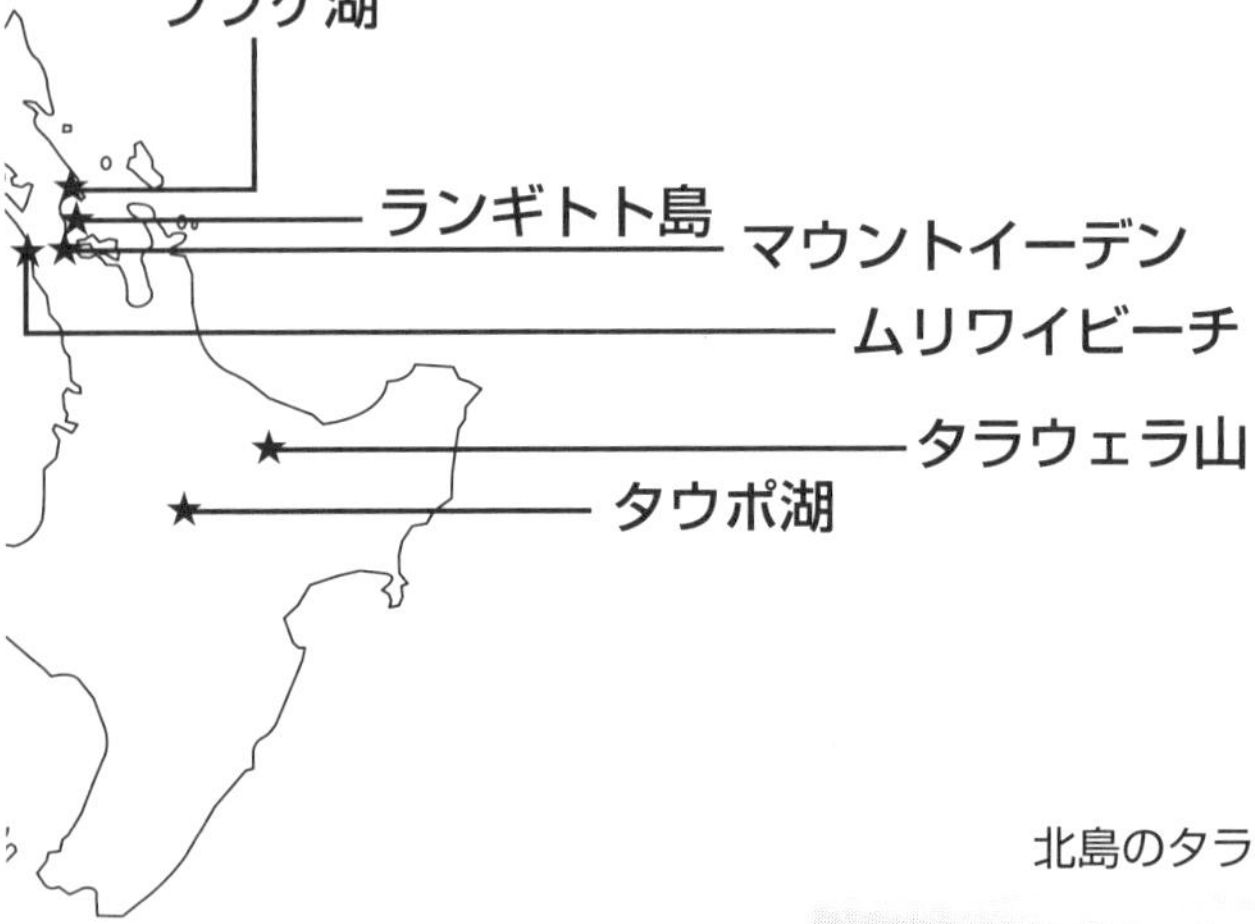

北島のタラナキ山

ＮＺ最大の湖タウポ

（浅井隆撮影）

ニュージーランドの

ＮＺ最高峰の
南島のマウントクック
（村田康治氏撮影）

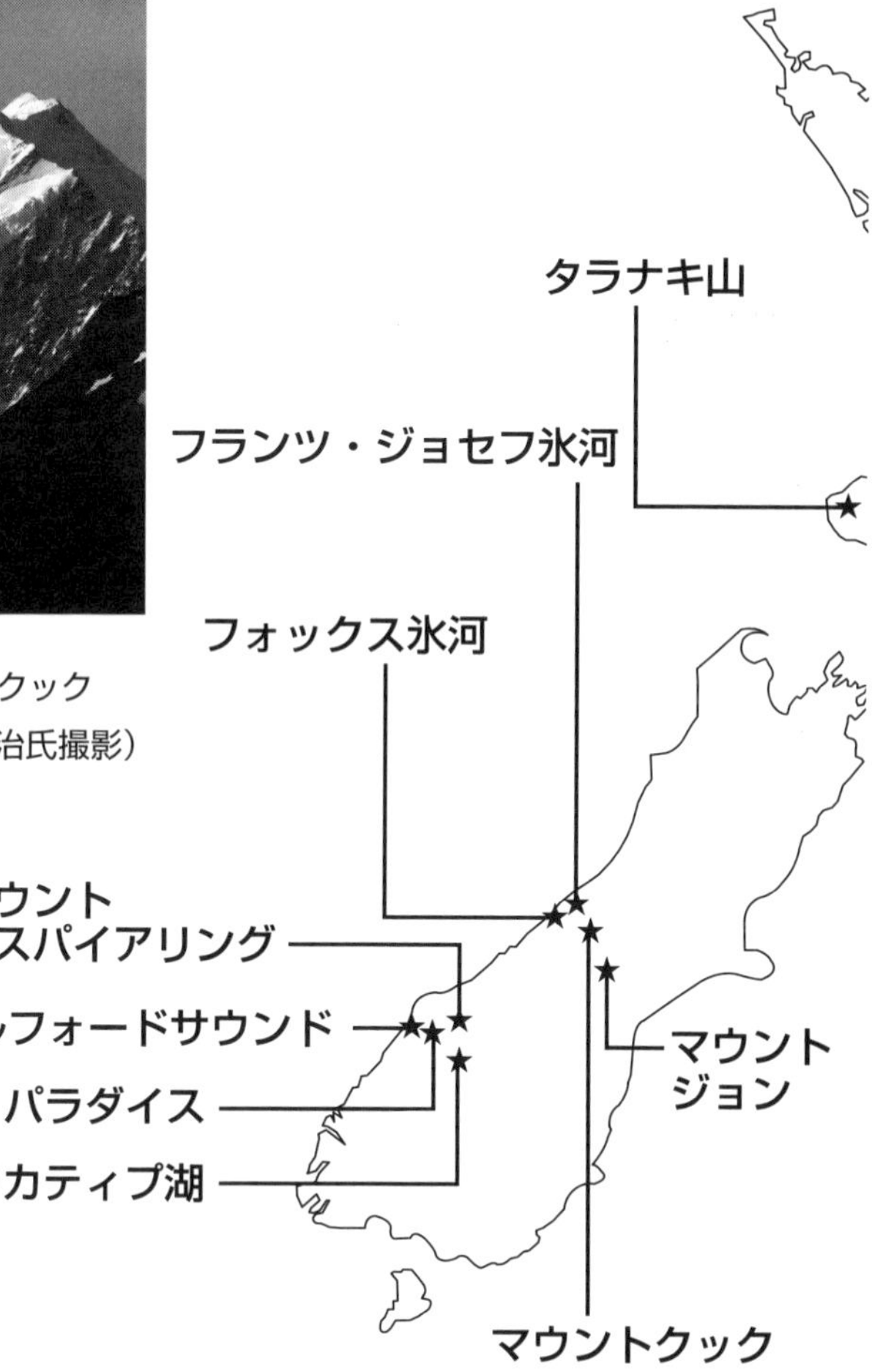

また、余談になるがそのロトルアの近くで〝世界一〟といわれるミネラルウォーターがとれるので知っておくと良いだろう。どういう意味で世界一かというと、天然ケイ素の含有量が世界一なのだ。ケイ素が含まれる水は骨や内臓にとって極めて良く、カルシウムを運ぶので骨粗しょう症の予防にも良いと言われている。また、肌を美しく保つのにも有効とされる。実際、こうした効能からドイツでは人工的にケイ素を水に入れることがブームとなっているが、天然ケイ素の方が体には良いとされる。日本ではこの天然ケイ素入りのミネラルウォーターがとれる場所はなく、世界では他にブラジルでとれるが、天然ケイ素の含有量はNZほど高くはない。

実は天然ケイ素の含有量が高いNZのミネラルウォーターは日本でも手に入る。第二海援隊ホームページ掲載の私のコラム（「天国と地獄」第一二回）にも書いたのだが、私は水はこのNZのミネラルウォーターしか飲まない。私の飲んでいるミネラルウォーターについては、ぜひコラムをご覧いただきたい。コラムでは、ミネラルウォーターだけでなくNZについてや経済の最新情報を写真入りで紹介しているので、こまめにチェックしていただきたい。

スイスを超える、白銀の美しい山々

ＮＺには、数多くの山がある。とりわけ南島のサザンアルプスには二五〇〇メートル以上の峰々が鋭い主峰を競い合っていて、まさにスイスアルプスと比べたくなる。しかし、ここではっきり言ってしまうが、南島の観光拠点クイーンズタウンでヘリをチャーターして二時間も上空から景色を眺めてみると、スイスアルプスよりはるかにすさまじい、地上でもっとも美しい白銀の峰々と氷河があなたを圧倒することだろう。

また、この国のヘリのパイロットの腕前は、おそらく世界一ではないかと私は考えている。というのも私は若い頃、毎日新聞の報道カメラマンをしていたので、取材でヘリに二〇〇回近くは乗っているし、その後独立して経済ジャーナリストとなってからも、世界中で観光と取材をかねて数多くヘリに乗っているので、国内外のヘリのパイロットの技量についてはある程度詳しい。

その私がスイスでのヘリ搭乗との比較からして、ＮＺのパイロットの腕前は世界トップレベルだと太鼓判を押す。特に友人でもあるクイーンズタウンのヘリ・パイロットのジムは、神技に近い腕前を持っている。なにしろ彼はあの映画『ロード・オブ・ザ・リング』の空撮をすべて飛んだ有名パイロットなのだ。ジムの操縦するヘリに乗ると、ほとんどの人は絶叫し続ける。それほど岩肌ギリギリを飛んだり、谷底の曲がりくねった激流の上をスレスレに飛んでくれるのだ。また、日本やスイスと違って飛行の規制が緩やかな上に人もほとんど住んでいないので、勝手に山の上の天空の湖のわきに着陸したり、広大で人っ子一人いないビーチの砂浜の上に止まったりできるのだ。もちろん、氷河の上への着陸など当たり前だ。スイスでも何回もヘリをチャーターしたが、絶対に氷河の上になど降りてくれない。山のはるか上をゆっくりと旋回してくれるのが関の山だ。ぜひ一度、ＮＺでヘリをチャーターするべきだ。値段も驚くほど安く、日本の三分の一程度である。

　では、ＮＺの山々の中でも特筆すべきものを見てみよう。登山愛好家でなくとも、自然が大好きだという人々にとっては、ＮＺの個性的な山々はとても魅力的だ。北島から行ってみると、まずはなんといっても富士山にそっくりな、というよりある意味富士山にダイエットさせて背をすっと高くしたような秀麗な孤峰、タラナキ山（マオイ語での呼び名。英語名：マウントエグモント）だ。冒頭、『ラスト サムライ』のロケ地としてこの山のふもとが使われたと紹介したが、三九ページにこの山の写真を載せたのでじっくり眺めて欲しい。なんと美しい形か。富士山と同じく火山で、晩秋～春には雪をうっすらかぶって純白にお化粧した姿が楽しめる。オークランドからクイーンズタウンへ向かって国内線に乗ると、ちょうどこのタラナキ山の上を飛ぶので、運がいいと旅客機の窓から眺めることができる。標高は二五一八メートルほどで、海が眼の前にあるので標高ゼロからキレイにシルエットができあがっている。ＮＺでもっとも完璧な円すい形をした火山で、一二万年かけて現在のような姿になったという。最後に噴火したのは二四〇〇年前である。タラナキ山は「ＮＺで一番多くの人々が登る山」と言われ、登りやすい山とされている。この山も含む「エグモント国立公園」は、植物が好きな人にとってはたまらなく魅力のある場所で、海岸から山頂にかけて登って行くにつれて植生が変わって、景色が変化していくのを楽しむことができる。山頂を目指す途中の斜面に「ゴブリン・フォレスト」（悪鬼の森）と呼ばれる昼なお暗い森があって、登山者を迎えてくれる。

北島は南島に比べると平地が多く、高い山は数えるほどしかない。特にオークランドから北側は小高い丘程度のものしかなく、雪の積もる程度の標高の山というのは北島の中心部にかたまっている。温泉地のロトルアのはるか南に「トンガリロ山」という大きな山がある。遠くからでもよく見える、かなり大きな山塊で、頂上付近はスキー場として有名だ。北島でスキーができるのは、ここくらいしかない。

では、いよいよ山が数え切れないほどある南島に行ってみることにしよう。基本的に南島は島の東部が平野で、西部が険しい山岳地帯となっている。特に南にいくほど峻険で「サザンアルプス」と呼ばれる山脈を形成している。その

本当にきれいな円すい型をしたタラナキ山（英語名：マウントエグモント）。富士山に似た火山だ

（浅井隆撮影）

中でも世界的に有名で、しかもNZ一の高峰が「マウントクック」だ。あのキャプテンクックの名にちなんだこの山は、すぐ脇に大氷河を抱えていることから全体として白く輝いている。先ほどのオークランド↕クイーンズタウンの定期便の窓からよく見ることができる。富士山とほぼ同じ高さのこの高峰は、マオリ語で「アオラキ山」という。アオが「雲」でラキが「頂き」とか「峰」という意味で、「雲にそびえ立つ峰」ということになる。マウントクック周辺はNZを代表する観光地で、氷河の近くに小さな飛行場があるだけでなく、谷の奥に大きな山小屋があって一年中世界中から旅行者が絶えない。天候に恵まれれば、スキーを履いた小型機での遊覧飛行と氷河への着陸を楽しむことができる。すぐ裏がタスマン海なので、旋回中にブルーの大海原も視界に入ってくる。海と氷河の両方を一度に見ることのできる素晴らしい場所だ。

さらに南下すると、「マウントアスパイアリング」という高峰がある。クイーンズタウンからヘリで行くには、この山が距離的にもちょうどいいし、往復の眺めも変化に富んでいる。大氷河、山の上の秘密の湖、雪解け水が作った無数

マウントクックには世界中から観光客が訪れ、ヘリや軽飛行機でその素晴らしい景色を楽しんでいる

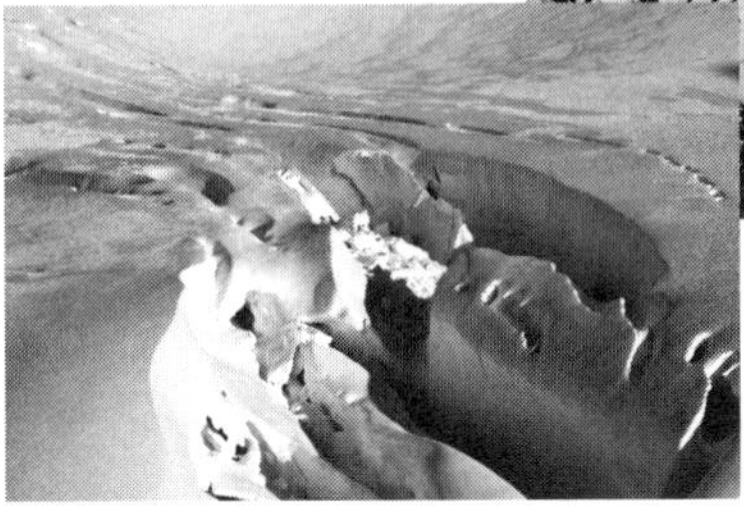

（村田康治氏撮影）

の滝と、スイスを超える圧倒的風景が目を楽しませてくれる。この山から南は、あの世界的に有名な「ミルフォードサウンド」というフィヨルドを含め、無数の白銀の峰々、様々な形のフィヨルド、氷河、湖という複雑な地形が延々と続き、人跡未踏に近い大自然の宝庫が横たわっている。ペンギンやオットセイなども数多く住んでいる。

山岳愛好家にとっては、この周辺のトレッキングコースは垂涎ものだ。その中でも有名なのがミルフォードトラックで、「世界でもっとも美しい散歩道」と言われている。一八八八年にルートが開かれて以来、無数のハイカーによって挑戦されている。この周辺全体、フィヨルドランド国立公園、マウントアスパイアリング国立公園、マウントクック国立公園、ウェストランド国立公園はテ・ワヒポウナム（マオリ語で「宝のある場所」）と呼ばれ、世界遺産にもなっている。この地域に勝手に入ることはできない。ミルフォードトラックで言えば、一日九〇人の入山制限がある上に世界中から多くの申し込みがあるために、早目に申し込まないと歩くことができない。ＮＺは、そうやって自然を守って

南島のサザンアルプスには、無数のトレッキングコースがある
（写真提供：David Wall/ アフロ）

いるのだ。

ところで、エベレストに初登頂した登山家のエドモンド・ヒラリーがNZ人だったということを知る人は少ない。彼は養蜂家でもあり、一九五三年五月二九日午前一一時三〇分、人類初となるエベレスト登頂に成功した。NZの五ドル札の肖像画にもなっている。

山に関係することで一つ面白い逸話をご紹介しておこう。原発が山ほどある日本に対して、一つも原発を作らせないNZ。では、同じ山国である日本とNZ、トンネルの数はどのくらい違うのか。答えは信じがたいほど衝撃的である。日本はトンネルの数が一万個超もあるのに、NZは数十個なのだ。圧倒的に桁数が違う。政府の支出をなるべく増やさないように、国家戦略として無駄遣いを抑えているのだ。その結果、日本は公的債務残高の対GDP比（政府の借金がGDPの何％に当たるかの数値）が二五〇％と天文学的水準に到達したのに対し、NZは三〇％と極めて健全な状況にある。便利だが将来借金でとんでもないコトになる国家にするのか、不便だがつつましい生活にして将来とも財政

南島の氷河はいくつもあり、ヘリで簡単に着陸することができる

（村田康治氏撮影）

的に安全な国家にするのか。日本とＮＺは、まさに対極にある国なのである。

では、先ほどから出てきているＮＺの氷河についてここで触れておこう。世界的にも有名でＮＺ最長の氷河こそ、マウントクックのすぐ東側に横たわる「タスマン氷河」だ。この氷河は長さ二七キロメートル、幅四キロメートルという巨大なもので、最大深度は六〇〇メートルもある。冬から春にかけて雪が五〇メートルも積もり、夏に溶けたあとでも七メートルは残っている。また、西海岸に「フォックス氷河」と「フランツ・ジョセフ氷河」の二つがある。ＮＺは真夏でも氷河の壮大な景色を眺め、その真上にヘリやスキーを履いた小型機で着陸することのできる国なのだ。日本の北端の北海道でさえ、さすがに氷河は存在しない。ＮＺはその意味でも貴重な国なのだ。

山の話をしたついでにここで星空の話をすることにしよう。私が毎年ＮＺに行くようになって一つびっくりしたことがある。それは、南島のクイーンズタウン郊外のホテルに滞在すると晴れた夜、レストランからの帰りに見られる夜の星空が素晴らしいことだ。おそらく、ＮＺの南島は人口が少なく灯の数が少ないのと、空気がキレイで湿度も低いせいだと思われるが、なにしろ天の川まではっきり見えて、星に手が届くような錯覚に陥るほどだ。

そのため南島には、星空の世界遺産を目指す町まであるほどだ。その町の名は「テカポ」。人口たったの四〇〇人の町だ。先ほどのクイーンズタウンから車で三時間ほどのテカポ湖という湖のほとりにある小さな町で、近くに「マウントジョン」という山がある。この山は晴天の確率が高いことや周囲に大きな町の灯もなく、空気も澄んでいるために頂上に天文台がある。世界最南端のこの天文台には毎晩世界中から多くの観光客がその素晴らしい星空を見るためにやってくる。頂上には「アストロカフェ」という喫茶店まであり、星空ツアーの参加者がここのホットチョコレートで身も心も暖めるという。二時間の「アース＆スカイ星空ツアー」はなんと日本人が始めたツアーで、現地に会社まである。詳しくは、扶桑社ＭＯＯＫの『かけがえのない旅のつくりかた・ニュージーランド篇』をご覧いただきたい。

ビーチ、湖、滝、そしてビール

では、次に〝水〟にまつわる話をしよう。題して、「ビーチ、湖、滝、そしてビール」。NZ一の大都会オークランドでヘリをチャーターして飛び立ち海岸の上を飛ぶと、びっくりすることがある。大都会の周辺のビーチや岩場その他にも護岸工事をしたり、テトラポットを置いたりした場所がほとんどないのだ。まさに、自然のままにしてある。これこそNZのポリシーと言ってよい。日本とはその点がまったく違う。そして、天然の素晴らしい砂浜が無数に存在するのだ。

たとえばオークランドのダウンタウンから車でたったの一時間で、手つかずの自然のままの巨大ビーチ「ムリワイビーチ」に到着する。その素晴らしい波を求めて、近郊から多くのサーファーが一年中やってくる。またそのすぐ南には岩場があって、巨大な海鳥ムリワイカツオドリのすみかがあり、観光客が多

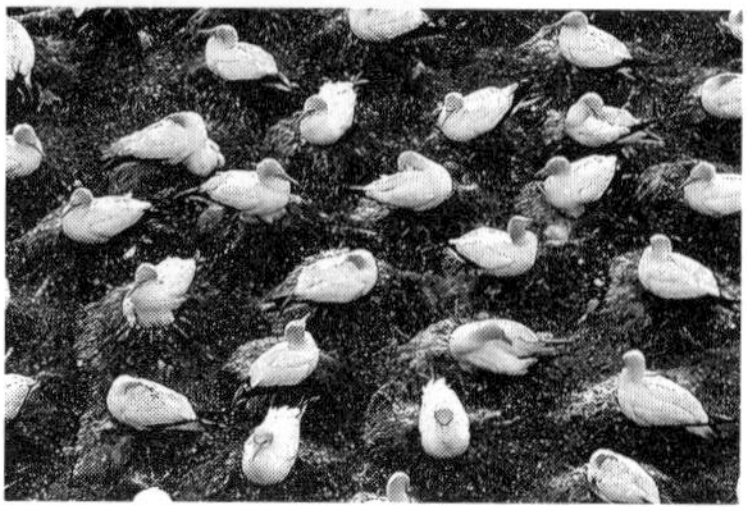

ムリワイビーチと
ムリワイカツオドリの群生地

（村田康治氏撮影）

数やってくる。また北島の一番北には「ナインティマイルビーチ」という長い名前の砂浜があり、まさに九〇マイルの長さのビーチが延々と続く。人影もまばらなこのビーチに、ヘリで降りることも可能だ。これ以外にも、NZ全土に無数のビーチがあるので、海が大好きな人にとっては天国のような国だ。

では、湖はどうか。実は、大都会オークランドの高級住宅街のノースショアのどまん中にも美しい湖があるのだ。ノースショアの中でも人口密集度も高く高層マンションやホテルまである「タカプナ」という中心地。そのすぐ近くに「ププケ湖」という美しいブルーの湖がある。白鳥も多数いるこの湖は、まったく不思議なことに海岸のすぐ近くというのに淡水なのだ。しかも、その周辺には息をのむような豪邸が数多く存在する。

NZは〝湖の国〟と言ってよいほど、この国には湖が多い。しかも、不思議なことに北島の湖はそのほとんどが火山活動によってできたものであるのに対し、南島の湖はそのほとんどが氷河によって削られてできたものである。湖の生い立ちでNZの大自然の過去の歴史がわかる、と言っても過言ではない。

そこでまず、北島の代表的な湖から見て行くことにしよう。あの温泉地帯にある「ロトルア湖」がトップバッターだ。現在は穏やかで美しい湖だが、今から二〇万年前にすさまじい噴火によって誕生した湖である。巨大な火山の地下のマグマ溜まりが大噴火のあとに崩壊した。その崩壊によって直径一六キロメートルもある丸いカルデラが形成され、そこに水が徐々に溜まって北島第二位の大きさを誇る湖ができあがったというわけだ。ロトルア湖の周辺では現在でも活発な地熱活動が続いており、湖畔からは湯気がもうもうと立ち上がっている。硫黄分を多く含むため、神秘的なコバルトブルーに湖が染め上げられている。

地図を見ると、北島の中央部にロトルア湖よりはるかに巨大な湖が存在することがわかる。これが「タウポ湖」だ。それから、読者の多くがすでに気付かれたことと思うが、ＮＺの湖の名前は英語ではない。先住民の言葉であるマオリ語だ。タウポ湖は、西暦一八一年に噴煙高度五〇キロメートルという想像を絶する大噴火が起き、それによってできた湖だ。ＮＺ最大の湖で表面積は六一六平方キロメートルもある。周辺では今でも活発な火山活動が続いており、近くには巨大な地熱発電所もある。湖からは「ワイカト川」が流れ出ており、ウナギ、マスなどが住みついている。湖畔の南の断崖には、マオリの彫刻があることでも有名だ。

それでは次に南島に行ってみよう。北島の湖と違い、南島の湖はどれも細長い。NZ一の高峰マウントクックの南側に平行して走る三つの氷河湖がある。その一つが「テカポ湖」だ。この三つの湖の中で最大のものがこのテカポ湖で、面積は八七平方キロメートルある。高度七〇〇メートルのところにあり、その南端には星空ツアーで有名なテカポの町がある。さらに南に下がったところに、「ワナカ湖」が複雑な形で横たわっている。オタゴ地方の標高三〇〇メートルに位置し、面積は一九二平方キロメートルとNZで四番目の大きさを誇る。南端のワナカの町は、今や高級リゾート地として地価がどんどん上がっている。

さて、最後はあのNZ一の観光地クイーンズタウンに接する「ワカティプ湖」だ。一〇〇年以上前のアンティークの蒸気船が湖上を走り回るこの湖は、まる

タウポ湖近くの地熱発電所

ロトルア近くの地獄谷

（浅井隆撮影）

でアルファベットのSの字のような形をしており、全長八四キロメートルとNZ一長い湖となっている。そのユニークな形が原因となって、水面を上下させる「静振」という奇妙な現象を起こすことで世界的に知られる。先住民のマオリたちもこの現象に気付き、「湖底にひそむ怪獣の心臓の鼓動が水面を上下させている」という伝説を残している。このワカティプ湖は高い山々に囲まれており、素晴らしい景観を作り上げている。

湖の次は滝である。雪解けの季節（一〇月～一一月、南半球なのでこの時期が春～初夏）になると南島の山々からはそれこそ無数の滝がこぼれ落ちてきて夏前には跡形もなく消えてしまうが、それ以外にも一年中流れている様々な種類の滝が数多くある。ここではそのうちの二つを紹介しておこう。

まず北島の「フカ滝」だ。NZ一の超高級ロッジ「フカロッジ」のすぐ目の前にあるこの滝はユニークである。タウポ湖から流れ出るNZ最長の川である「ワイカト川」はまず湖の北の幅一〇〇メートルの谷をゆっくり流れ出すが、やがて狭い谷間へとさしかかり、急激に速度を上げて激しい急流となって一一

ワイプンガの滝

タウポ湖から流れ出るフカ滝

（村田康治氏撮影）

メートル下の滝つぼへとすべり落ちる。毎秒二二万リットルもの水がごう音と共に落下する様は、雄大ですぐ近くの展望用の橋の上から眺めることができる。遊歩道もあり、周回バスも運行されていて便利だ。

まったく違うタイプの滝が南島のスターリン滝だ。NZのフィヨルドの中でももっとも美しくもっとも有名な「ミルフォードサウンド」。その切り立った岩の途中から海へ向かってこぼれ落ちるいくつかの滝がある。その中でも水量がもっとも多く迫力もあるのが「スターリン滝」だ。落差一五五メートルの滝のすぐ近くまで船が行ってくれるので、観光客は存分にその姿を堪能することができる。

そして、水の話の最後に日本人が大好きなビールの話題だ。ビールの本場といえば、ドイツやイギリスと言われている。そして美味しいビールはベルギーと、通は言うかもしれない。しかし、世界中のビールを飲んだ私は、世界一美味しいビールはひょっとするとNZ産かもしれないと思っている。NZ産ビールというと「スタインラガー」が世界的に有名だが、実際に現地を訪れてみる

左がスペイツ・オールド・ダーク。右がライオン・レッドのボトル

（村田康治氏撮影）

と、もっとユニークでさらに美味しいビールがたくさんあるのに驚かされる。

NZのビールの特徴の一つは、味に透明感があることだ。おそらく大地が汚染されておらず、そこから湧き出してくる天然水が世界一ピュアだからだろう。そうした中でも私がお勧めするのは南島なら「スペイツ・オールド・ダーク」、北島なら「ライオン・レッド」だ。前者はあのスコットランド系移民が造ったダニーデンの地ビールである。「ギネス」というイギリスの有名な黒ビールがあるが、それに比べるとずっと飲みやすく、すっきり系のバランスのよい準ダークビールという雰囲気である。他には絶対ない、素晴らしいダークビールである。それに対して「ライオン・レッド」はかなり淡白な超すっきり系の一般的ビールだが、のどごしは最高だ。NZビールならではの透明感に溢れたビールと言って良いだろう。ただ残念なのは、NZの地ビールは日本では手に入らないので、やはり現地に行って飲むしかない。

ニュージーランドの主要都市

さて、NZの代表的な都市めぐりをここでやっておくことにしよう。

この国はもともと総人口が少ないので、日本のような巨大都市（首都圏を一つの都市とすれば三〇〇〇万人を超える人々が暮らしている）は存在しない。人口が最大で経済・ビジネスの中心である「オークランド」でさえ、一五〇万人程度だ。首都である「ウェリントン」は、一九万人強という少なさである。ちなみに人口は少ないが、首都であり政治都市ということで、ウェリントンにはオークランドから一日一〇便前後の定期便が飛んでいる。また、南島に行ってしまうと、さらに事情は驚くべきものとなる。最大都市「クライストチャーチ」でも三六万人であり、観光拠点として世界的に有名なクイーンズタウンにいたっては二万五〇〇〇人しか住んでいない。他に「ダニーデン」という中程度の都市があるがそれでも一二万人しかいない。あとは小さな街がいくつかあるが、それ以外はほとんど人が住んでいない。数キロに一軒農家や酪農家があるだけだ。ましてや、南島の南西部は二五〇〇メートル級の山々やフィヨルドや湖がほとんどで、まさに人跡未踏の広大な地域が広がっている。

では、北島から都市めぐりに行ってみよう。まずはNZ最大の都市オークランドである。別名を「シティー・オブ・セイルズ（帆の町）」という通り、湾が複雑に入り組んで南半球最大のヨットハーバーまである。人々の趣味といえば週末ヨットで南太平洋に繰り出すことだ。日本から初めてオークランド空港に降り立つと、滑走路が巨大な湾の中にあって磯の香が少しするのに気付く。先ほど登場した町の中心部にある火山マウントイーデンの頂上に立つと、海と山の両方の自然豊かな環境に囲まれていることがわかる。

といっても、さすがNZ一の大都会である。高速道路が東西南北に駆け抜け、ど真ん中には町のシンボルであるスカイタワー（コンクリート製の電波塔で高さは三二八メートルある）がそびえ立ち、下にはカジノまである。結構起伏の多い町で、周辺の住宅街も平らなところはほとんどなく、ゆったりした起伏が延々と広がっている。それがこの町の住宅街をさらに魅力的なものにしている。スカイタワーからゆっくりした坂を北へ一キロほど下っていくと港にぶつかる。運がよければ、クイーン・エリザベス号などの豪華客船が停泊しているのを見ることができる。少し右へと車を走らせると、コンテナヤードや貨物船の積み降ろしの港湾が見えてくる。逆に、港から南へ向かってこの国随一のメインストリートである「クイーンストリート」を登っていくと、土産物屋から高級ブティック、銀行の支店、カフェと多くの店々が軒を連ねている。クルーザーが着いた時などは観光客が大通りを練り歩く。この周辺を歩いて驚かされるのは、ＮＹやロンドンと同じで多国籍であることだ。「人種のるつぼ」という言葉があるが、このオークランドのダウンタウンはまさにその通りの状態で、中国人や韓国人の若者やインド人までまさにアジア人がこの一〇年で本当に増えたなということを実感する。

もともとはイギリス系の白人が多い国だが、このオークランドの中心部だけは別だ。この中心部のことを「キーウィ」（ＮＺ人のことを通称キーウィと呼

オークランドはさすがＮＺ随一の大都会である。ここには何でもある

クイーン・エリザベス号などの豪華客船もよく入港する（村田康治氏撮影）

（上２枚：村田康治氏撮影
下：浅井隆撮影）

NZ の銀座通りともいうべきクイーンストリート。この 10 年ほどは中国系、インド系、アラブ系の移民が増えて、時間によっては白人の姿の方が少ないくらいだ。そして、晴れるとなにしろ日差しがまぶしい。白人はサングラスをかけた人をよく見かける。日本人がちょっとびっくりするのが、腕や足にタトゥー（刺青）をした若者が多いことだ。中には女性で全身にタトゥーをいれた人もいるぶ）達は「シティー」と呼ぶが、シティーから巨大な橋「ハーバーブリッジ」を渡るとそこが有名な「ノースショア」だ。ノースショアとは「北の海岸」という意味だが、南半球のNZでは北は暖かいという意味なので、東京でいう湘南にあたる。NZでは高速道路のことをハイウェイと呼ばずに「モーターウェイ」と言うが、このモーターウェイの一号線に沿って北上するとその両側に広がるこのノースショアこそが高級住宅街である。

詳しくは第三章で見て頂くがこのノースショア内には私たち日本人が目をむくような素晴らしい豪邸が数多く存在する。特にビーチの前の家々からの眺めは素晴らしく、富士山を押しつぶしたような形をしているランギトト島が見える家はそれだけで高値で取引される。このノースショアの海岸からはランギトトだけでなくいくつかの島々が重なって見え、さらにそのはるか先には「コロマンデル」という細長い半島がかすんで見える。世界中の住宅街の中でもこれほど景色の良いところは他にないだろう。週末ともなると住宅街の先の湾内には無数のヨットが帆をなびかせて走り回り、まさに映画の中の世界が人々の目を楽しませる。しかも、ＮＺ一の大都会だけあって巨大な病院から大学まで様々な施設も整っている。もし、ＮＺに住むのならばこのオークランドの郊外が一番のお勧めだろう。語学留学のための学校も数多くあり、博物館も含めてほとんどのものが揃っている。

ところでＮＺでは、東日本大震災の直前に南島のクライストチャーチで地震があり、記憶に新しい。しかも二〇一六年にもクライストチャーチの近くで大きな地震があり、日本でも報道された。しかし過去の記録を調べてみると、日本と比べて大地震も少なく、特にオークランドは地震帯から離れているため、今後大震災に襲われる可能性は極めて低い。その点は安心してよいだろう。

この大都会から車で一時間も外へ出ると、そこはまったくの別世界となる。まさに田園地帯がどこまでも広がっている。オークランドから車で一時間半くらいのところに「テームズ」という町がある。先ほど言っていたノースショアの住宅街の眼前に広がる巨大な湾の一番奥に位置する小さな町だ。日本人の中にはここまで語学留学に来る人もいるようだが、その一人に聞いてみたら、「本

主要都市

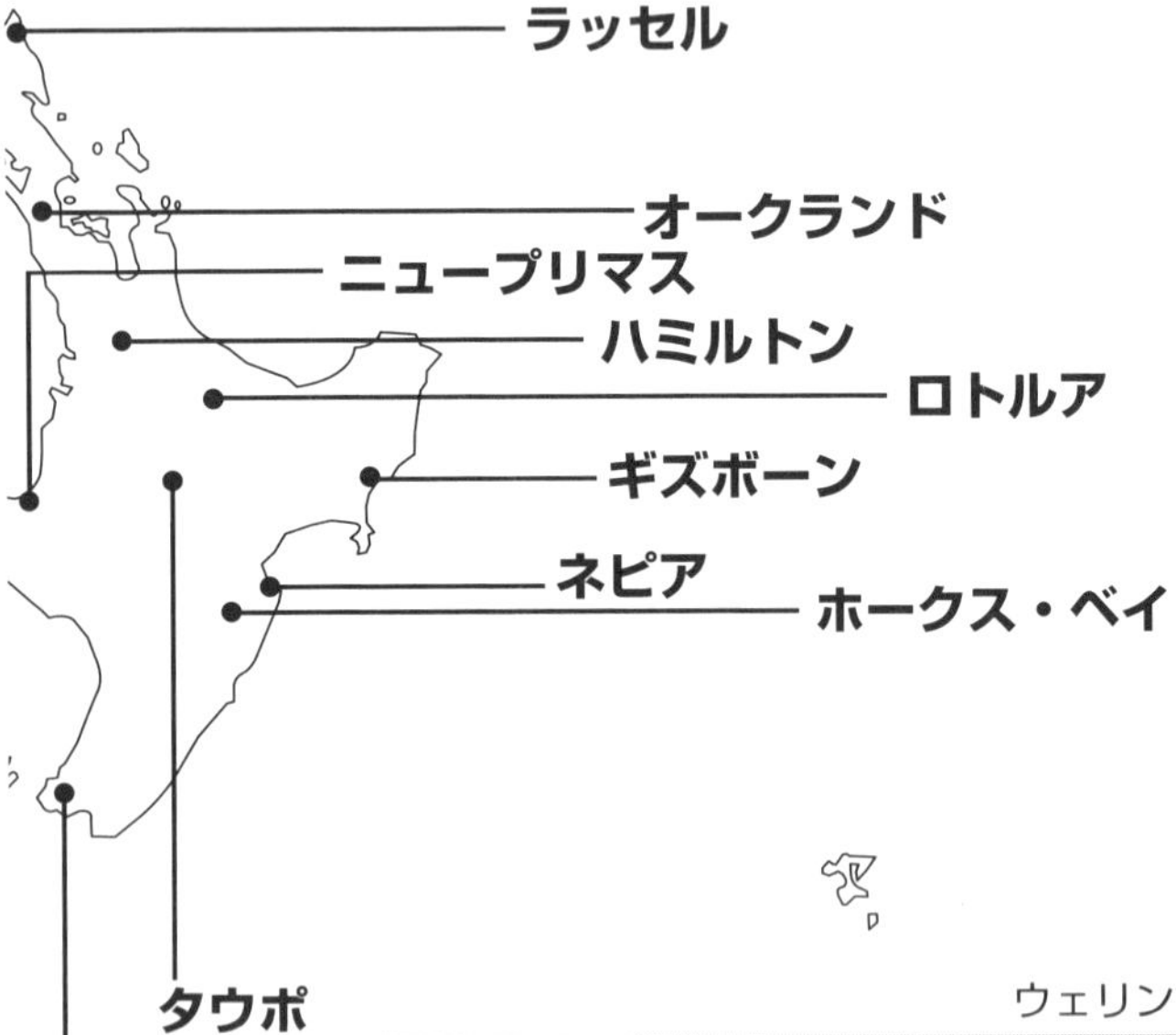

ウェリントン

（村田康治氏撮影）

ニュージーランドの

クイーンズタウン

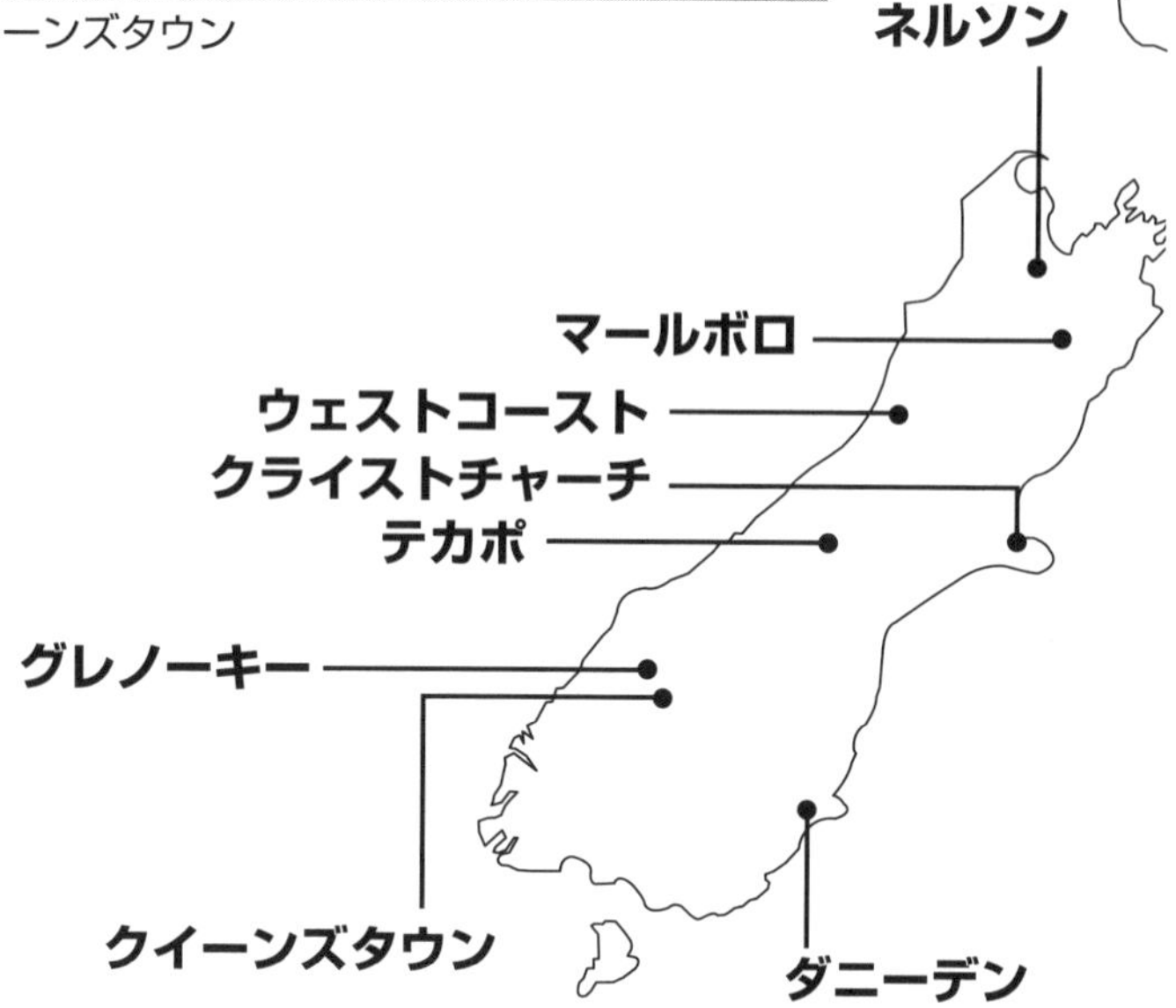

当に何もないところで、英語を勉強する人にはいいが、日本の大都会から来た人には少々退屈かも」という返事が返ってきた。また、オークランドから南へ車で一時間ほど（ただし渋滞時は二時間以上）のところにもう少し大きな町「ハミルトン」がある。人口一四万人のこの町は内陸の町で、チーズ、粉ミルクの工場がある。

さらに南東へ二時間ほど行くとあの温泉の町「ロトルア」がある。世界一のラジウム泉で有名なこの町には空港もあり、ＮＺ中から定期便があるが、町の中心部に行ってみると人が少ないのにびっくりさせられる。目抜き通りでも人通りはほとんどない。この国の人口がいかに少ないかを実感する。ロトルアでぜひ行ってみたいのが「間欠泉」だ。一時間に一、二回壮大なショーを見せてくれる。その脇から短時間のヘリツアーが出ている。近くの活火山「タラウェラ山」（わずか一三〇年前の一八八六年に大噴火をした）まで往復するツアーだが、火口の上に降りて壮大な景色を見ることができる。また、途中には無数の湖がブルーに輝いて目を楽しませてくれる。

ロトルアの温泉地獄

ロトルアの巨大間欠泉

（村田康治氏撮影）

クライストチャーチは花の町だ

ここから北島の一番太い部分に入るが、この中央部には人はほとんど住んでいない。地図を見ればわかる通り、この北島の中央部分を時計回りに回ると、まず東海岸に「ギスボーン」という町がある。ここはワインの産地として有名で、NZの最東端にあるため世界で一番早く朝日が昇る〝世界最東端のワイン生産地〟と言われている。マールボロ、ホークスベイに次ぐ三番目のブドウの栽培面積を持ち、その大半が「シャルドネ」であることから〝シャルドネの都〟とも呼ばれている。ワイン通なら一度は訪れてみたいところだ。

そこからさらに南西にいくと、世界的に有名な「ネピア」という町がある。人口わずかに六万人の町なのに、なぜ世界中の人がこの町の名前を知っているのか。それは、「ネピア」という名のティッシュペーパーの産地であるからだ。このあたりは森林が多い。

さらに北島の一番南端に首都ウェリントンがある。アメリカのワシントンDCとNYの関係に似ていて、ワシントンDCと同じくウェリントンは政治都市で、逆にNYと同じくオークランドは経済都市である。ウェリントンの人口はわずか一九万人で、オークランドの八分の一程度である。この町は風が強いことで有名で、特に強風の日はジェット旅客機でも着陸できないことがある。

ここからさらに時計回りで左へ回っていくと、『ラスト　サムライ』のロケ地となったタラナキ山（英語名：マウントエグモント）のふもとに小さな町ニュープリマスがある。人口は四万五〇〇〇人程度である。また、先ほども述べた通り、北島のど真ん中のヘソの位置には巨大なタウポ湖がある。そのほとりにはタウポという小さな町があり、近くには巨大な地熱発電所があって、いつも白い煙を吹き上げている。またそのすぐ隣には、あのＮＺ一の豪華ロッジ「フカロッジ」がある。

では、いよいよ南島へ渡ってみよう。南島で最大の町はなんといってもクライストチャーチである。東日本大震災と同じ年に地震に見舞われたこの町は、人口三六万人とオークランドに次ぐＮＺの大都市だが、「ガーデン・シティー」と呼ばれている。イギリス風の庭園の美しい町だが、あの地震で中心部が大きく破壊されてしまい復興途上だ。

そこから南にずっと海岸を下がっていくと、南端に近いあたりに「ダニーデン」という古い街並みがある。スコットランドからの移民が作った町で人口は一二万人とそれほど大きくはないが、それでも南島の南半分では最大の町なのだ。それほど、南島は北島以上に人口が少ない。

ダニーデンから南や西は町らしい町もないので、内陸へ車で四時間ほど入ってみよう。そうすると、あの世界的に有名な観光地クイーンズタウンがある。この町は「女王陛下が住むにふさわしい町」と言われ立派な空港もあるが、人口はたったの二万五〇〇〇人程度である。私が初めてこの町を訪れた二〇年前は五〇〇〇人だったことを考えると大分大きくなったものだが、それでもこの程度の町なのである。町の中心部には一辺三〇〇メートルほどの正方形の繁華街があり、アウトドア用品専門店から今注目のハンバーガー屋、そして高級オパール店まで様々な店が立ち並ぶ。といってもオークランドなどとは違い、ゆったり、のんびりしていて心がなごむ。

この町の外れに世界一急こう配といわれるゴンドラがあり、七、八分で頂上

庭と花の町（ガーデン・シティー）といわれるクライストチャーチ
写真提供：後藤昌美 / アフロ（上）・tupungato（下）

の展望台にあがることができる。展望台から眺めると、夏以外は二〇〇〇メートル級の山々の上には雪が残り、眼下には氷河が削ってできた巨大なワカティプ湖が濃紺の水面を光らせている。空港でレンタカーを借りてこのワカティプ湖に沿って曲がりくねった道を進むと、左手に湖が、右手には山々が見える。初夏（一一月初め）に訪れると雪解け水が右側から滝のように流れ出てくるのに遭遇することがある。途中に「ビューポイント」という展望台があるが、そこからの眺めは本当にすごい。水面まで二〇〇メートルもある断崖の上から氷河湖のさざ波を見ていると、どこからか小鳥のさえずりが聞こえてくる。湖の対岸、距離にして三キロほど先の山の峰々からは雪解け水が細い滝となって無数の白い筋を作っている。そして右手の湖の果てた先には万年雪の山々と大氷河が垣間見える。北海道でもこれほどの絶景を見ることはできないだろう。NZでドライブしたあとに北海道に行くと、「こんなに狭かったかな」と錯覚するほどだ。それほどクイーンズタウン周辺の風景は、壮大で素晴らしい。

さらに車を四〇分ほど走らせると最後の町「グレノーキー」に到着する。町

クイーンズタウン近くの
ワカティプ湖（上）

ワカティプ湖の
途中からの風景（右下）

パラダイスの標識が立つ
広大な平原（左下）
（第二海援隊取材班撮影）

とは思えないほどの小さなのどかな場所である。中心部にカフェが二、三軒あるが、その一つは私のお気に入りで、本当に美味しいスープとフレンチフライドポテト、そしてコーヒーが楽しめる。地元の人にも人気の店で、いつ行っても一杯だ。室内の席より日差しは強いが、裏庭のテラスの席に陣取りたい。そこからは二〇〇〇メートル級の山々が手にとるように見える。先ほどの氷河湖・ワカティプ湖もこの辺りでおしまいだ。

ここから先は山々に囲まれた牧草地と雪解け水の冷たいガレた川（岩や石のごつごつした川）がどこまでも続く。町を出てすぐ左側にまさに尾瀬沼のような広大な沼地が見えてくる。よく見ると、ブラックスワンが何羽も長い首を突き出している。そこからは私がもっとも好きな風景だ。糸杉の並木道あり、白馬を飼っている農家あり、そしてはるか彼方には白く雪をかぶった荘厳な山々と大氷河が広がる。三〇分ほど走ると、分かれ道のところに標識が立っていて、この先に「パラダイス」という場所があると出ている。天国という名の場所——二〇年前、地図を頼りに人の気配のない山里まで砂利道をなんとか行ってこの場所にたどりついたのを覚えている。それが今では世界的に有名になってしまい、二月のチャイニーズニューイヤーの時期などは「こんな山奥になんでこんなに中国人ばかりいるのか」という場所になってしまった。パラダイスには農家が二軒しかないが、世界でもっとものどかな場所と言ってよい。毎年一一月に開催する「浅井隆と行くＮＺツアー」のＡコースでは、必ずここを訪れる。一緒に行ったすべての人が、「人生最高の思い出」と言ってくれる。

このパラダイスの周辺は国立公園に指定されており、木の伐採は一切禁止されていて、原生林の中にコケむした倒木が自然そのままの姿を見せてくれる。この原生林の中に、まるで妖精が住むような小さな滝がある。地元のＮＺ人でも知らないこの滝まで落葉をかき分け、原生林の中をよじ登って毎回ツアー参加者と見に行くが、その水しぶきに当たると疲れも吹き飛ぶ。

その他、南島でそこそこの大きさの町というと、最南端の「インバーカーギル」と最北端の「ネルソン」がある。ネルソン周辺は「マールボロ」といわれるＮＺ有数のワイン産地だ。ところで、ＮＺというと近年とりわけワインが有名になってきているが、それこそＮＺ中にワイナリーがある。特に白ワインが有名だが、赤にも良いものがある。ワイン通には嬉しい国だ。

【コラム1】世界が注目する新世界ワインのトップランナー

大自然豊かなニュージーランド（以下ＮＺ）で今一番の人気商品といえばワイン。しかし、世界的に見ると生産量・栽培面積共に世界全体のわずか一％ほどである。ちなみにワインは世界的にはイタリア、フランス、スペインの三ヵ国で全体の約五〇％を生産している。栽培面積ではスペイン、中国、フランス、そしてイタリアで全体の約四五％を占めている。

ＮＺのブドウ造りの歴史は新しくヨーロッパからの移民と共に始まり、わずか一七〇年位である。しかし南半球の小さな島国からこの二〇年ほどの間に、ワイン造りの常識を覆すような世界トップレベルのワインが次々と誕生しているのである。ワイナリーの数も、一九八〇年代には三〇〇にも満たなかったものが現在七〇〇を超え、さらに増え続けている。

ＮＺのワイン造りについて説明すると、一九六〇年頃まではポートワインやシェリー酒などの酒精強化酒が多く造られており、その後一九七〇年代に入りＮＺワインの代表選手となる「ソーヴィニヨン・ブラン」をはじめとするブドウが次々と栽培されるようになった。

ワイナリーも大手メーカーが五社ほどで、あとほとんどは小規模経営である。草創期の礎を築いたのは漁業関係と同じ旧ユーゴスラビアからの移民の人たちで、最大手の「モンタナ」とはユーゴスラビア語で山を意味している。

そして一九八〇年代に入るとＮＺ独特のフルーティーで繊細な味わいのある「ソーヴィニヨン・ブラン」が世界で認められ、各国のワインコンクールで賞を獲得し始めた。特にマールボロ地方クラウディーベイの「ソーヴィニヨン・ブラン」と西オークランド・クメウ地区クメウリバーの「シャルドネ」がアメリカのレストランなどで大人気となり、「ＮＺに素晴らしい白ワインあり」と囁かれるようになったのである。

　また、一九九七年ロンドンで開催された世界最大級のワインコンクールの一つ、インターナショナル・ワインチャレンジにおいて、ホークスベイ地方のモートンエステートのシャルドネがシャルドネ部門の第一位に、そしてマールボロ地方モンタナエステートのシャルドネが白ワイン全部門でのナンバーワンに輝き世界中のワイン関係者が驚愕した。それ以降、白ワインだけでなく赤ワインの質も向上していった。

　そして今、世界中のワイン愛好家の注目を集めているのが「ピノ・ノワール」という赤ワインの品種で、フランスのボルドー地方と並ぶ世界的銘醸地のブルゴーニュ地方の名産として知られ、あの世界一高価な「ロマネコンティ」もこのピノ・ノワールから造られている。このブドウは各国で栽培はされてはいるが、ブルゴーニュ以外の土地で成功しているのはアメリカの一部地域とNZだけではないだろうか。

　その中でNZピノ・ノワールは、この二〇年の間に世界レベルのワイン

南島の片田舎とはいえ、世界中からお金持ちが殺到したために今や家も土地も信じられない値段に跳ね上がった。片田舎の湖に面したワナカにあるブドウ畑。遠くには白銀の峰々が見える

（村田康治氏撮影）

へと急成長し、本場ブルゴーニュとも違うNZ独自の路線を進化しながら歩み続けていると言ってよい。

NZのワイン産地の気候は、南島のセントラルオタゴ地方だけが内陸性気候である以外はほとんどが穏やかな海洋性気候で夏の日照時間も長く、また雨も少ないうえに昼夜の寒暖の差もあることから、ブドウにほどよい酸味と果実味のある飲みやすいワインが造り出されている。

NZの産地は大きく分けて一〇の地域があり、様々な品種が栽培されている（八四〜八五ページ参照）。本場フランスのようにそれぞれの産地で決められた品種しか栽培できないのとは違い、（一部地域では例外もある）NZでは自分の好きなブドウを栽培できるので、ワインメーカーたちは自由で個性的なスタイルのワインを日々生み出している。

産地の中で注目すべき地域としては、オークランドの北にあるマタカナ地区、あの「プロヴィダンス」で有名なところで、赤はボルドータイプやシラーなど、白はシャルドネやピノグリを栽培している。西にあるのがクメウ地区、特にシャルドネが素晴らしい。南オークランドにはカラカ、クリブドン地区があり、主にボルドータイプやシラーを栽培。そして、オークランド中心部から東にフェリーで三五分のリゾートアイランド・ワイヘキ島。以前はヒッピーと芸術家の島であったが今は大豪邸が立ち並び、夏ともなるとお金持ちたちが大型ヨットやヘリでやって来る島へと変貌した。温暖な気候を生かしてボルドータイプやシラーなどの力強い赤ワインが造られ、中には一本三五〇ドルするものもある。

ホークスベイは北島南東部にあるＮＺで二番目に大きなワイン産地で、古くから栽培が行なわれており、一八五八年創業でＮＺ最古のワイナリー・ミッションエステートもここにある。ブドウ畑はティッシュペーパーで有名なネピアからヘイスティングまで広範囲にわたり、様々な品種が栽培されているのでバラエティーに富んだワインが楽しめる。

ワイララパは首都ウェリントンから北に車で一時間半のところにあり、その中心となるのがマーティンボロー地区。南島のセントラルオタゴと並

ワイン産地と主な種類

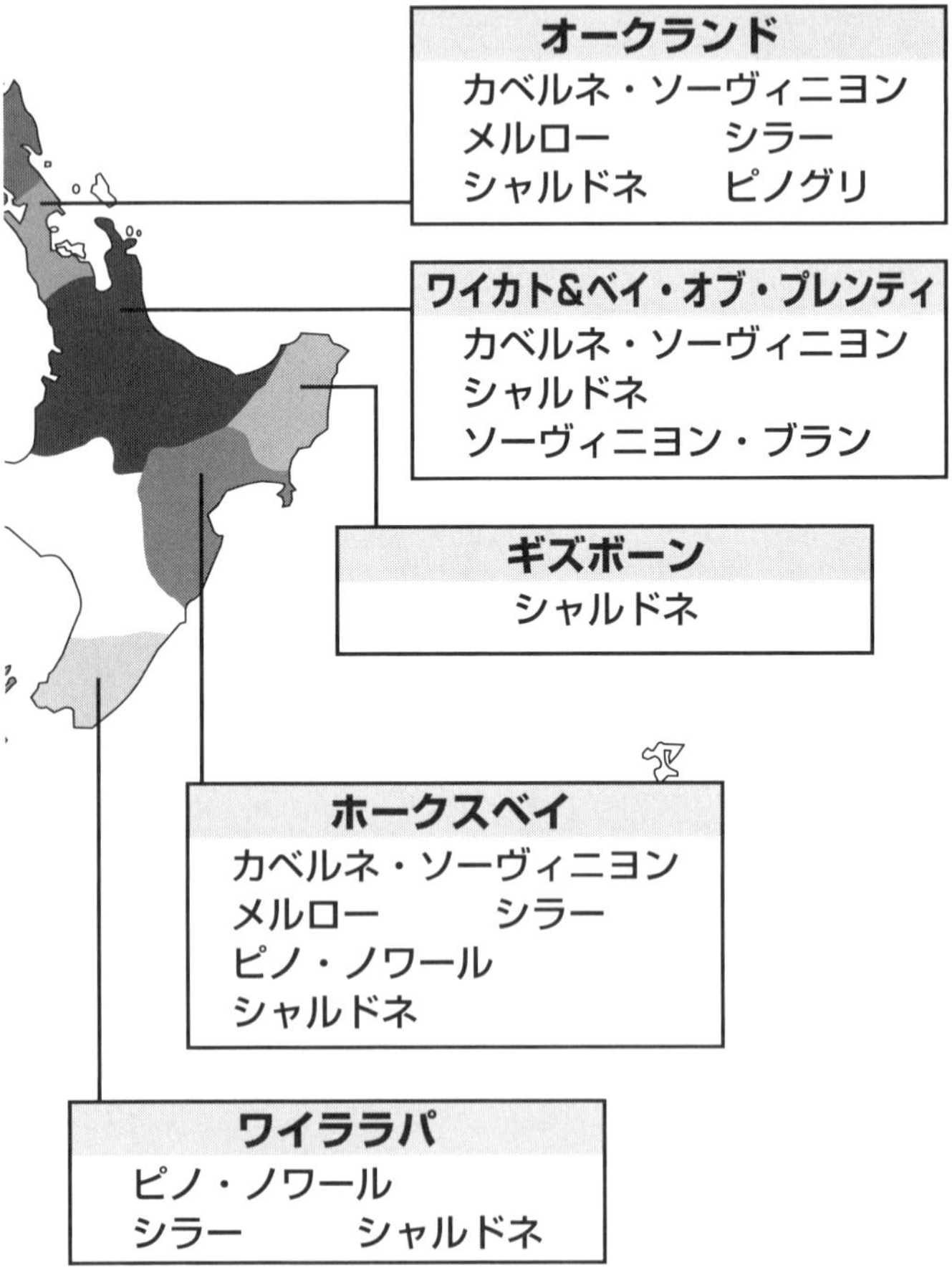
オークランド
カベルネ・ソーヴィニヨン
メルロー　シラー
シャルドネ　ピノグリ
ワイカト&ベイ・オブ・プレンティ
カベルネ・ソーヴィニヨン
シャルドネ
ソーヴィニヨン・ブラン
ギズボーン
シャルドネ
ホークスベイ
カベルネ・ソーヴィニヨン
メルロー　シラー
ピノ・ノワール
シャルドネ
ワイララパ
ピノ・ノワール
シラー　シャルドネ

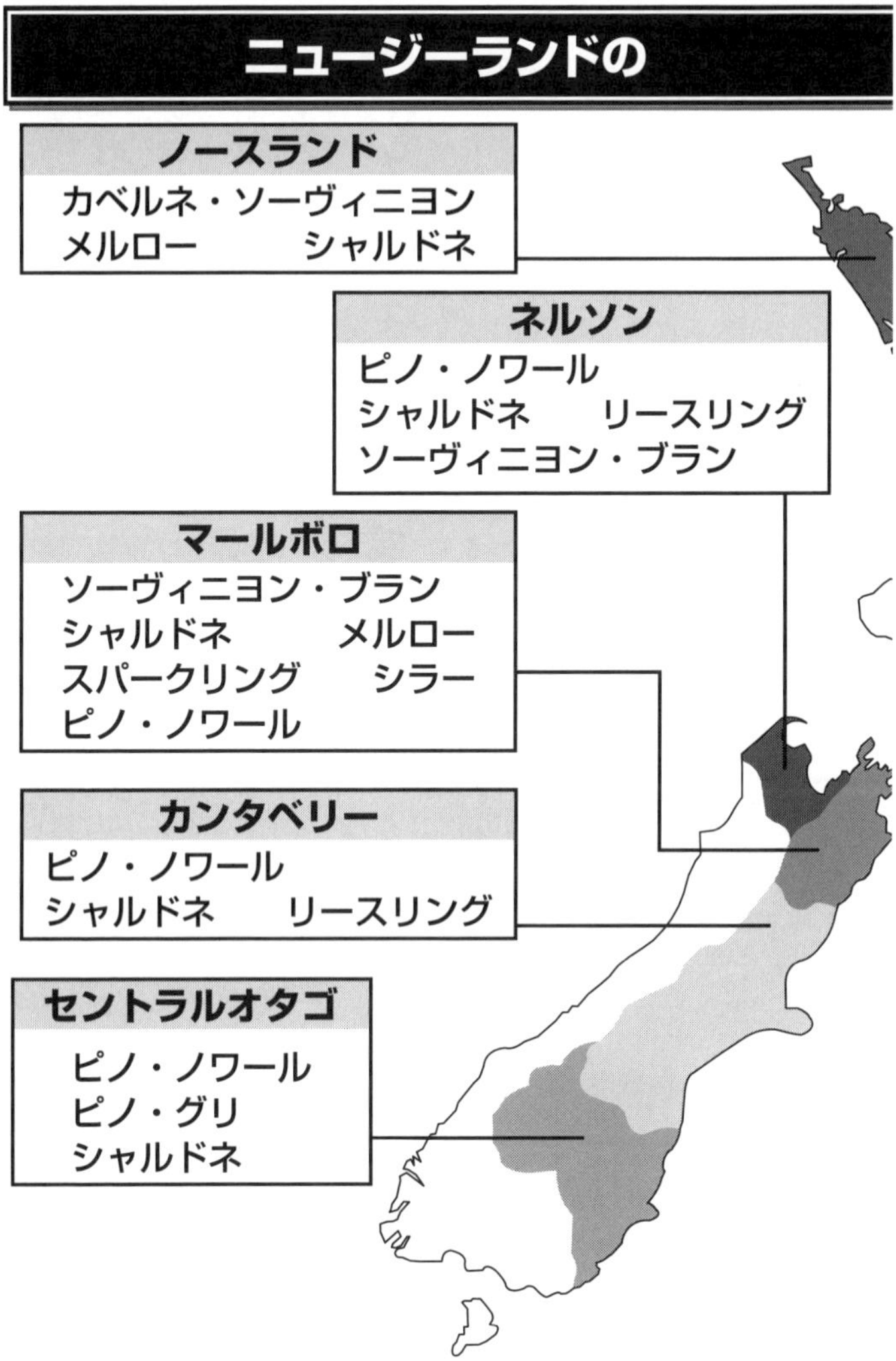
ニュージーランドの
ノースランド
カベルネ・ソーヴィニヨン
メルロー　シャルドネ
ネルソン
ピノ・ノワール
シャルドネ　リースリング
ソーヴィニヨン・ブラン
マールボロ
ソーヴィニヨン・ブラン
シャルドネ　メルロー
スパークリング　シラー
ピノ・ノワール
カンタベリー
ピノ・ノワール
シャルドネ　リースリング
セントラルオタゴ
ピノ・ノワール
ピノ・グリ
シャルドネ

んでピノ・ノワールの二大産地と呼ばれている。三〇年以上前からの老舗醸造所や、新しい可能性を求めてやって来た人たちもいる。ピノ・ノワールの他にシラーやシャルドネ、リースリングなども人気がある。

カンタベリーはＮＺでは比較的新しい産地で、クライストチャーチを中心に幾つかのワイナリーがあり、さらに車で北に四五分のところにあるワイパラ地区では良質なピノ・ノワールやリースリングなども造られている。

セントラルオタゴは地球最南端のワイン産地であり、今、世界中のピノ・ノワール愛飲家から熱い視線を集めている地域である。ＮＺで唯一の内陸性気候であり、寒暖の差が急激で夏場にはＮＺ最高気温を記録する日もある。収穫時には霜の被害もあり、冬には雪も降る。そんな厳しい条件の中で造り出されたワインは、果実味が凝縮され、酸味とのハーモニーも絶妙である。白ワインのシャルドネやリースリングも美味しい。

ニュージーランドで世界を目指し活躍する日本人醸造家たち

現在ＮＺ国内には、六人ほどの日本人醸造家がそれぞれの人生をかけてワイン造りに情熱を燃やしている。特徴的なのは、赤ワインに関しては、皆さんピノ・ノワールに拘っている点である。ブドウの中でも一番気難しく収穫量も少なく、気候にも左右されやすいのになぜ、あえて困難ともいえる栽培にチャレンジしているのか。それは、このＮＺが本場ブルゴーニュをも超える可能性に富んだ、素晴らしい場所であるからだろう。

中でも有名なのが、クスダワインズのオーナー兼醸造家の楠田浩之氏である。彼は大学を卒業後、日本の企業やシドニー総領事館で働いたあと、ワイン造りの夢を叶えるためにドイツの大学でワイン醸造学を学び、その頃出会ったドイツ人醸造家カイ・シューベルト氏に誘われたのを機に、マーティンボローに移住して二〇〇一年一〇月、自身のワイナリーを設立しピノ・ノワール、シラー、リースリングなどを造っている。

彼は収穫時期以外の作業はほとんど一人で行なっていて、妥協は許さず自身の納得が行く最高のワインを造っているそうである。そうして生まれた「クスダワイン」はNZはもとより、日本そしてイギリスでも高い評価を獲得し、ワインは発売すると直ぐに完売するほどの人気である。

「NZから自分たちの造ったワインで世界の人たちをあっと驚かせ、ワインの歴史を変えたい」との大和魂で頑張る日本人醸造家にエールを送りたい。

プロヴィダンスに惚れ込んだ男

ワインの神様に導かれた奇跡のワイン。そう呼ぶに相応しいワイン、プロヴィダンス。その名前をご存知の方はかなりのワイン通であろう。

ワイナリーはオークランドの中心部から、北に車で一時間のところにあるマタカナ地区。畑は海からも近く鉄分やミネラルを多く含んだ、水捌けの良い火山性粘土質である。オーナーは元弁護士のジェームス・ヴルティッチ氏、通称ジムさん。NZ生まれだが両親はクロアチアからの移民である。故郷でワイン造りをしていたこともあり、NZでも最初は自家消費のためにワインを造り始めたそうである。

一九九〇年にこのマタカナ地区に購入した畑四ヘクタールのうち、日当たりの良い北側斜面二ヘクタールにメルロー、カベルネ・フラン、マルベックそしてシラーを植え、一九九三年に初収穫、一九九六年に初リリースされた。そして、その年ドイツのあるレストランで行なわれたボルドー最高級ワイン（ペトリュス、シュバル・ブラン）とのブラインドテイスティングで、プロヴィダンスを一躍有名にしたとも言える事件が起きた。

それは、無名のNZワイン、しかも植えてたった三年の若木からできたワインがなんと、最高級ボルドーワインよりも美味しいとの評価を得てしまったのである。

それからは「南半球NZに新星のごとく現れたシンデレラワイン」となり、プロヴィダンスの名は世界中のワイン関係者の知るところとなったのである。

無添加ワインを造ることが目的ではない

今世界では無添加ワイン、自然派ワインなどが造られているが、申し訳ないが味はそこそこである、プロヴィダンスのような世界トップレベルのワインは類いまれなワインであると思う。

ジムさんのワイン哲学は「シンプル・イズ・ザ・ベスト。そして大胆かつ繊細に」である。

ブドウが最高の状態に育つように見守り、必要に応じて時々手を添えてあげるだけ、と言う。

実際、彼の畑には灌漑用スプリンクラーや霜よけ用の風車などもない。

通常のブドウ畑では収穫しやすいように、地面から一〜一・五メートルくらいのところにブドウができるようにしているが、プロヴィダンスでは地面から三〇センチメートル前後の、とても低い位置に実が生るようにしている。これは人間の都合ではなく、太陽が沈んでからでも地熱を吸収してブドウが美味しくなるようにしているからだそうだ。そのおかげで収穫時は最大斜度二〇度の丘を腰をねじりながら摘みとりをしなければならず、重労働である。

そして、収穫時期にはブドウを鳥たちに食べられないように、防鳥ネットを被せるのだが、ジムさんはブドウにストレスがかかるのと、日に遮れるとの理由でネットを使わず、その代わりに収穫時期一ヵ月前からハンターを雇い、朝から夕暮れまでやって来る鳥を打ち落としているのである。その他ネズミ退治用スタッフ、親子猫「ストライピーとスポッティー」ちゃんもいる。

収穫でも完全に熟したブドウを手作業で摘みとり、素早く丁寧に選別し、

プロヴィダンスの畑と
ジムさんの嬉しそうな姿
（村田康治氏撮影）

昔ながらの醸造方法でオークの大樽で仕込み、四時間ごとに混ぜ合わせる醸しを三週間近く行ない、その後絞ったワインをフレンチオークの新樽で約二年間熟成。醸造工程でも亜硫酸塩などの添加物は一切入れず、酵母もブドウに付いている天然酵母のみで発酵させている。

そして、ほとんどのワイナリーではこのままの状態で一年から二年間熟成させ、フィルターにかけ瓶詰して出荷されるが、プロヴィダンスではこの二年間の熟成中、三ヵ月から四ヵ月に一度「澱引き」という樽の底に溜まった澱を取り除き、樽ごとで同じ品種でも微妙に違ってくる味を均一にするための作業を行なっている。

こんなに手間暇もかかり、その都度ワインも減るリスクを負ってまでやっているワイナリーは、NZには他にはまずないであろう、本場フランスでも、シャトー・マルゴーのような数万から一〇万円を超えるようなワイナリーだけである。しかも、これらのワインでさえも亜硫酸塩などの添加物は含まれている。

ジムさんは「ワイン造りのすべての工程で手間暇かけて、手抜きはせず、清潔さを保ち、何よりもワインを女性と同じように愛することだ」と言う。

あのワイン通の元プロ野球選手もこよなく愛する希少ワイン

三〇年ほど前、高校野球で甲子園に一年生から出場、投打でその名を歴史に残し、卒業後は読売ジャイアンツのエースとして大活躍した桑田真澄氏はワイン通でも知られ、名誉ソムリエの称号も贈られている。

彼は一九九五年試合で右肘に大怪我を負い、そのリハビリ中に健康のためにとワインを飲むようになった、その彼が世界中のワインを飲んだ中で特にお気に入りなのがプロヴィダンスで、どこか自身の人生と似ていると言う。

二〇一〇年からたびたびＮＺを訪れては、収穫やワイン造りを楽しんでおり、遠く離れたＮＺと日本を繋ぎ、ジムさんとは父と息子のような関係を築いている。
ワインの神様と野球の神様に導かれた赤ワインに乾杯！
（料理・ワイン研究家　村田康治）

第二章

食糧自給率三〇〇%
——しかも原発もない！

対外的リスクが少なく、自然が豊か

日本から九〇〇〇キロメートル離れたニュージーランド（以下ＮＺ）は、南極大陸からは三〇〇〇キロメートルしか離れていない。しかし、その南極には汚染源は一つもない。しかも、隣国オーストラリアからも二〇〇〇キロメートル以上離れていて、オークランドからシドニーへ飛ぶとジェット旅客機でも三時間ほどかかる。

世界のどこからも遠く離れて、南半球のはずれにひっそりと佇む島国なのである。世界の中枢ともいえるアメリカ、ヨーロッパ、中国からも遠く〝世界の火薬庫〟中東からも離れている。しかも世界一の汚染をまき散らす中国、インドからもほとんどその影響を受けない位置にある。世界のどこからも遠い国、それがＮＺだ。

どこからも遠く、ほんの小さな国土で、かつ有益資源（石油、金属）が少ないとなれば、他国から侵略を企てられる恐れもない。こんな戦争に無縁な国だからこそ、人も動物も自然も豊かで優しいのだ。ハッピーな大地で育つ食物や動物たちと、これまたハッピーな人々が暮らす国なのである。ゆえに食糧自給率も、長年にわたり高い水準を保ち続けている。

ＮＺの全土は西岸海洋性気候に含まれ、湿度が低く涼しい夏と比較的温暖な冬は羊、牛などの飼育に適している。なんといっても、日本の牧畜と異なり壮大な草地を最大限に利用した羊、牛などの放牧が魅力的だ。

都会の喧騒から離れ、大きな空の下、透き通った空気、瑞々しい草地を見渡しながら、心優しいＮＺの農家の豊かなシンプルライフを見ていると、人間の真の幸せとは何かということをしみじみ思い知らされる。

特に、ＮＺの農家の人々は都会以上に人との交流を心から楽しみ、大切にしているように感じられる。ＮＺの自然が豊かに残っているのは、そういったＮＺ人の国土を愛し、シンプルライフを楽しむといった性質の現れかもしれない。

広々とした放牧地に人間の六倍強の羊がいる

第一章で見てきたように、NZという国は日本の四分の三くらいの面積を持ちながら、人口は本当に少ない。日本のわずか三・五％の四五三万人しかいないのだ（二〇一三年国連統計）。だから、信じられないくらい自然がそのままの姿で残されているのだが、それと共にこの自然豊かな国土は豊かな恵みももたらしてくれている。食糧自給率はカロリーベースで実に三〇〇％！　三九％というわが日本と比べると、なんだか日本が貧相に見えてくる。NZの食は、本当に豊かで恵まれている。

NZの大自然の象徴が羊だ。NZと言えば、広々した草地に放牧されている羊をイメージされる方も多いのではないだろうか。その数は、実に約三〇〇〇万匹。人間の六倍強である。当然、輸出に占める割合も畜産業によるものが多く、輸出の第一位は乳製品で二五・一％、第二位は肉類で一一・五％。この二つだけで輸出全体の三分の一、金額にして二〇〇億ＮＺドルを超える畜産業大国だ（二〇一四年度）。ラム（子羊）料理は、ＮＺの名産の一つでもある。

世界一の輸出量を誇るＮＺ産ラムは、人工飼料を与えず、放牧で育てた安全さがウリだ。ラムとは一歳未満の羊肉のことだが、臭みがなくやわらかな肉質なので、羊が苦手な人でも食べやすい。低コレステロールで鉄分やビタミンＢ群も豊富なことから、日本でもダイエット中でも食べられるお肉として注目されている。それが、ＮＺ現地ではリーズナブルにいただけるのだ。もちろん店舗によって異なるが、美味しいラム料理が一〇〇〇円くらいからある。なお、ラム肉には旬があり、生後三、四ヵ月頃の特にやわらかなラム肉が食べられる一〇～一一月頃が旬だ。これもチェックしておきたい。

ラムにもいろいろあり、ＮＺに来たらまずはこれ！　というほどの定番料理がラムチョップ。ラムチョップとは、骨付きあばら肉のこと。生後一年未満のラム肉を使ったラムチョップは、グリルして食べるのが一般的で羊肉特有の臭みもなく柔らかでジューシー。茹でたジャガイモ・アスパラガス・ニンジン・

グリーンピースなど季節の野菜が付け合わせとして添えられている。予算は、安めのレストランなら二〇〇〇円程度から。

ローストラムも美味しい。ハーブで風味を付けた大きなラム肉の塊を、表面はカリッと、中は柔らかでジューシーにローストしたもの。薄くスライスしたローストラムに、グレービーソースやミントソースをかけ、こちらもローストしたジャガイモ・タマネギ・カボチャなどを添えていただく。レストランではもちろん、家庭料理としても親しまれているから、仲良くなったキーウィ（NZ人）の家庭でも楽しみたいものだ。

ラムシャンクも忘れてはいけない。ラムシャンクとは、子羊の骨付きすね肉のこと。ラムシャンクにもいろいろな食べ方があるが、赤ワイン・トマトソース・玉ねぎ・ニンジン・セロリ・ニンニク・ハーブなどと一緒に時間をかけてじっくり煮込んだブレイズドラムシャンクは、肉がビーフシチューのように柔らかで、まろやかな味わいがクセになる人気メニュー。お店によって食材が異なっているので、店ごとの味を楽しめる。

ＮＺで家畜と言えばまず羊であるが、もちろん牛も多い。そして、羊・牛に次いで多いのが鹿だ。なんと一〇〇万頭以上も飼育されている（二〇一二年）。ＮＺは、鹿産業に国策として取り組んでいるのだ。ＮＺ農林省をトップとして、営利目的ではない「ＤＩＮＺ」という団体がその下にあり、市場調査、開拓、流通調整、調査研究を行なっている。関連業者や養鹿農家はその下にあり、鹿の生態に沿った共通の管理手法で飼育が行なわれ、主要輸出品としての鹿産業が確立している。その鹿肉だが、極端に少ない脂肪分が特徴の赤身肉「ベニソン」は、ＮＺ国内でも大変人気がある。

ＮＺ流の進んだ飼育技術とは、鹿を広々としたスペースの中に放牧してストレスを取り除き、それによって筋肉を強化して独特の風味をさらに強めるというものだ。ここではステロイドやホルモンなどの人為的な成長育成剤は、一切使用されていない。また、他の動物の肉や肉骨粉などを鹿に与えることは違法とされている。ＮＺで飼育された鹿肉は、「サビーナ」（cervena）という商標で市場に出回っている。とてもやわらかく、風味はきつくない。ただ、低脂肪なだけに、料理をする際には肉汁が出過ぎて硬くならないように気を付ける必要がある。

栄養素に満ち溢れた果物・キウィフルーツ

さて、肉の話が続いたので、話をデザートに移そう。もちろん、乳製品だ。ＮＺでは食後にアイスクリームを食べるのが一般的。そのアイスクリームは、ＮＺならではのホーキーポーキーアイスクリーム（hokey pokey ice cream）だ。砂糖やハチミツを火にかけ、ベーキングパウダーを加えたあと、飴状になるまで練る。この飴状の塊がホーキーポーキーで、これをバニラやミルクのアイスクリームに混ぜ込んだのがホーキーポーキーアイスクリーム。かりかりとした飴状の塊の食感で、病み付きになること請け合いだ。ＮＺのアイスクリームは濃厚で、甘さも日本のアイスクリームより甘め。甘党の人にはありがたい「アイスクリーム大国」だ。ＮＺは、一人当たりのアイスクリームの消費量が世界一でもある。

デザートついでにフルーツの話をしよう。まずはやはり、キウィフルーツだ。ＮＺの代表作物であるキウィフルーツは、実は一九〇四年に中国より持ち込まれた種が栽培されたのをきっかけに、一九五〇年までに研究開発された品種が世界に広がっていったものだ。「キウィフルーツ」という名称は、ＮＺからアメリカ合衆国へ輸出されるようになった際、ＮＺのシンボルである鳥の「キーウィ」（kiwi）に因んで一九五九年に命名された。誤解している人もいるようだが、鳥のキーウィと見た目が似ているから、そういう名が付けられたわけではない。キウィフルーツの輸出額は、二〇一〇年に一〇億ＮＺドルの大台に乗せ、二〇一五年には一四億ＮＺドルを突破した。日本を筆頭に、世界四七ヵ国へ輸出されている。ＮＺを代表するフルーツであることは、言うまでもないだろう。

このキウィフルーツ、実に栄養豊富な果物なのだ。ビタミンＣや食物繊維・たんぱく質・鉄など、一七種類の栄養素がどれくらい含まれるかを比較した「栄養素充足率スコア」で、キウィフルーツは果物の中でもトップクラス。小さな果実一個に食物繊維やビタミン、ミネラルなど様々な栄養素がぎゅっと詰まっている。日々の食事の栄養バランスを補うのに、ぴったりの果物なのだ。

キウィフルーツに含まれている栄養素、代表的なものを簡単に説明しよう。まずはビタミンC。ビタミンCは活性酸素を抑える抗酸化作用があり、抗ストレス作用、さらには美白作用、コラーゲンの合成にも必要で、女性にとっては美肌のためにもたっぷりとりたい栄養素だ。でも、体の中に貯めておけず、加熱すると壊れてしまうという特徴があり、毎日、新鮮な果物や野菜からとる必要がある。キウィフルーツはそれに最適だ。

次に、やはり抗酸化作用を持ち、また血行を促す働きがあり若返りのビタミンと言われるビタミンE。ビタミンCとビタミンEは、それぞれ単独でとるよりも一緒にとると相乗効果が高まり、抗酸化力がアップする。

その他、細胞に働き、「造血ビタミン」とも呼ばれ妊活に欠かせない葉酸、生活習慣が気になる人は積極的にとりたいミネラルであるカリウム、これまた強力な抗酸化作用を持つポリフェノール、疲労回復をサポートするといわれるクエン酸・キナ酸・リンゴ酸などの有機酸、たんぱく質を分解し消化を助けてくれる酵素・アクチニジンなどなど。キウィフルーツはこんなにも栄養素に満ち溢れたフルーツなのだ。

そのキウィフルーツの食べ方だが、日本だったら半分に切ってスプーンですくって食べるか、カフェやレストランでは皮が剥かれて輪切りにされた状態で出てくる。ところがＮＺでは、皮ごと食べる人が結構いるのだ。あのモジャっとした毛が生えた皮ごと食べるのである。ちょっと想像しがたいであろうが、実はこれ、理に適っているのだ。

キウィフルーツのブランドとして名高い「ゼスプリ」。実はこのゼスプリの英文ウェブサイト「Zespri–Kiwifacts–Eating and storage」にこんなことが書かれている。簡単に訳してみよう。「皮は食べられますか？　もちろんです！　ゼスプリのキウィは皮ごと食べられます。しかも、皮は食物繊維が豊富です。もしキウィの毛が嫌だったら、食べる前に皮をこすって毛を落としてください。それとリンゴやナシなどと同じように皮を剥かないで食べる時は、水で洗ってから食べましょう」。さらに調べてみると、食物繊維が豊富なばかりでなく、果肉と比べてポリフェノールが三倍も含まれているそうだ。それなら、確かに皮ごと食べた方がいい。

実はNZ人は、キウィ以外にブドウもリンゴも梨もモモもアプリコットも、皮のまま食べる人が多い。しかも水で洗わず、拭いただけで食べてしまう人もいる。果物ではなく野菜でも、ジャガイモ・サツマイモ・ニンジンも皮を剥かない人が多くいる。これも、その方が有効成分がまるごととれるからその方がいいのだが、「農薬が心配」という読者が多いことだろう。

しかし、心配無用。詳しくは後述するが、NZは極めてオーガニックに対する意識が高い国なのだ。だから、安心して皮ごと食べられるのである。

長友選手も愛用しているマヌカハニー

先ほどの、ホーキーポーキーアイスクリームのところで出てきたハチミツ。

これもＮＺにはすごいものがある。それこそ、「マヌカハニー」だ。

マヌカハニーはＮＺの一部に自生するマヌカという低木の花の蜜から作られたハチミツだ。オーストラリアの一部の地域にもマヌカは自生しているが、少量で商品化することが難しいため、流通しているマヌカハニーのほぼ一〇〇％がＮＺ産である。マヌカとは、マオリ語で「復活の木」「癒しの木」などを意味し、ＮＺの先住民族であるマオリ族は樹液や葉を薬として用いていた。マオリの人々は紀元後七〇〇年から一七〇〇年頃までにＮＺに来て、すぐに多くの病気の治療にマヌカを用いる方法を学んだ。マヌカの葉・樹皮および若い枝を煮て、蒸気は鼻風邪の場合に吸入し、液体は凝った肩とリウマチ関節に摺り込み、胃が不調の場合には飲用した。若いマヌカの新芽は、赤痢の場合には噛み砕いて飲み込んだ。マヌカの樹皮は皮膚病に用い、さらにうがい薬として、そして痛む目の洗浄にも用いた。今日、マヌカの葉から蒸留されるマヌカオイルも、広い範囲の分野で用いられている。マヌカは、ものすごい薬用樹なのだ。

ではハニー（ハチミツ）はというと、実はマオリの人たちはマヌカハニーは食べていなかった。というのも、元々ＮＺにはミツバチが生息していなかったのだ。少々脱線するが、世界にミツバチは九種しかいない。セイヨウミツバチ（産業養蜂種として、日本を含む世界中に導入されている）とトウヨウミツバチ（ニホンミツバチはその一亜種）は、洋の東西でそれぞれ熱帯から亜寒帯までの広域に分布し、その他のオオミツバチ、コミツバチなど七種は、いずれもアジアの熱帯域に極地的に生息しているに過ぎない。だから奇跡のハチミツ・マヌカハニーが生まれたのは、一八〇〇年代初期にヨーロッパ人がＮＺに到着し、イタリア種のミツバチを持ち込んでからなのである。

マヌカハニーはその高い殺菌作用から、一九八〇年代より民間医療としてだけでなく近代医療としてもその有効性が研究されてきた。高い抗菌活性力を持つマヌカハニーは、一般的な腸内悪玉菌の活動の抑制から殺菌までを行なうことが可能で、臨床実験では数年間抗生物質を投与しても治療できなかった胃腸疾患がマヌカハニーを用いた場合短期間で治療できたという例まである。特に食品としての栄養価も高く、抗生物質と違い副作用の可能性もないことから、

マヌカハニーの効果・効能

ピロリ菌、大腸菌、腸球菌、消化性潰瘍、化膿レンサ球菌などの **胃腸疾患の改善**
虫歯、口内炎、歯周病の治療・防止
のどの痛み、鼻のつまりの改善、風邪、インフルエンザの予防
整腸作用
ガンの予防・治癒
コレステロール値の低下
糖尿病の改善
副鼻腔炎の治療
創傷、切り傷、火傷の治癒
炎症を和らげる

摂取した場合のリスクがごく少ないことも、マヌカハニーが健康食品として人気を集めている理由の一つであろう。

マヌカハニーには一一一ページの図のような効果・効能があると考えられている。これを列挙してみるだけですごい。まさに、奇跡のハチミツだ。

二〇一六年五月一五日（日）、テレビ朝日のサッカー番組「やべっちＦＣ」でイタリアのトップチーム「インテル」で活躍する日本代表の長友佑都選手が特集されていた。世界のトップ選手は当然、食べるものにも気を使っている。番組では、今年に入ってからオーガニックの食材を中心にとるようにしている長友選手を紹介していた。その長友選手がオーガニック食品店で購入した品の一つが、このマヌカハニーなのだ。

体のケアに気を遣う長友選手のような世界のトップアスリートが、オーガニック意識が高いのは当然であるが、実は先にも少し述べた通りＮＺ人はおしなべてオーガニック意識が高い。ここで、マヌカハニーについての話題をコラムにまとめたのでご紹介しておこう。

【コラム２】ニュージーランドが誇るスーパーフード

嘘のような本当の話

「ニュージーランドのミツバチが、組織化された犯罪シンジケートによって巣ごと盗まれ、取引されている」——もし、こんな話を知人のＮＺ人にされたら、あなたは信じるだろうか？　長年ニュージーランド（以下ＮＺ）に関わってきた私でさえもにわかには信じることはできない。しかしこの話、天下の英ロイターが二〇一七年三月一五日付で報じたものだ。

ＮＺに詳しい方ならご存知かもしれないが、同国には世界に誇れるスーパーフード（一般の食品に比べて栄養バランスが優れ、栄養価が高い食品。または有効成分を突出して多く含む食品）がある。それが、マヌカハニーだ。マヌカハニーとは、マヌカツリー（ギョリュウバイ）という木に咲く花の蜜を主成分としたハチミツを指す。マヌカツリーは、ＮＺとオーストラリアの一部にしか生息していない。マヌカという名前は、ＮＺの先住民であるマオリ族の人たちが命名した。

　このマヌカハニーが現在、世界で爆発的な人気を博している。二〇一二年から、なんと価格は三倍にもなった。ＮＺ政府によると、通常のハチミツは一オンス（約二八グラム）当たり約二〇米セントで取引（輸出）されるが、マヌカハニーは一オンス三・四米ドルにもなる。ＮＺは世界第三位のハチミツ輸出国であり、その八割がマヌカハニーだ。

　男子テニス・ランキングで長年にわたって世界一位（二〇一七年五月時点では第二位）に君臨してきたプロテニス選手のノバク・ジョコビッチ氏は、自身がマヌカハニーのファンであることを公言しており、朝起きた時に二杯のマヌカハニーを食べ、試合の合間にも摂取すると話す。また、イタリアの代表的なサッカーチームであるインテルナツィオナーレ・ミラノ（通称インテル）で活躍する日本人選手、長友佑都氏もデザートにマヌカハニーを食べるとスポーツ紙のインタビューに語っていた。

この他にも多くの著名人や著名アスリートたちが、マヌカハニーを愛用していると公言している。人気の秘訣は、マヌカハニーが持つ抗菌力だ。二〇一六年九月二日付の米ウォールストリート・ジャーナル紙は次のように解説している——「科学的な研究でマヌカハニーに傷や潰瘍、やけどを治す効果があることが分かり、人気に拍車がかかった。米国でも食品医薬品局（ＦＤＡ）がマヌカハニードレッシングの販売を承認した。マヌカハニーにはのどの痛みを和らげたり、免疫力を高めたりするなどさまざまな効能があるというファンもいる。マヌカハニーの抗菌性は花の蜜に含まれる物質がハチの媒介によって変化し、強化されることで生まれる」。

冒頭で紹介したロイターの記事は、犯罪シンジケートが高騰するハチミツから恩恵を得ようとしていることの証左だ。ＮＺ警察はロイターの取材に対し、二〇一七年一月までの六ヵ月間でハチミツの盗難が四〇〇件に上ったと述べている。尋常な数字ではない。

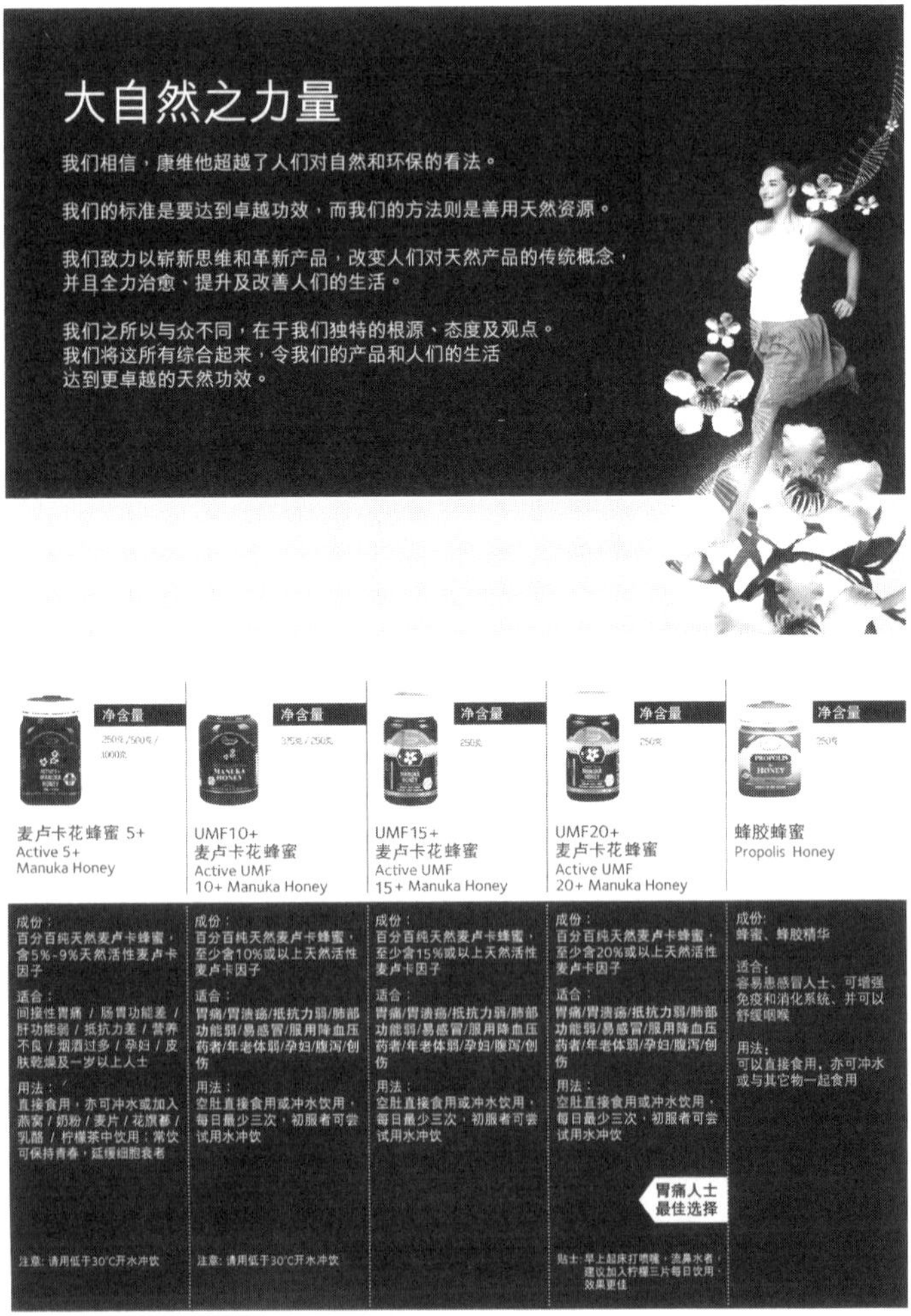

中国語のマヌカハニー広告

ちなみに、ＮＺ産のハチミツの主な買い手は中国と香港であり、輸出先の三分の一を占めている。ＮＺのハチミツメーカーで最大手として知られるコンビタ社の製品を、中国国内の高級ブティックで見かけるのは容易だ。上海の日系デパート「久光」の地下にある高級食品売り場には、コンビタ社の特設コーナーが頻繁に設置される。それくらい健康に気を使う中国人からの需要が高いのだ。

マヌカハニーには確固たる希少性があり、良質なものは手に入りにくい。ここ日本でも近年はマヌカハニーの人気が急速に高まっており、インターネット販売などでは悪質な商品が出回ることがよくある。

【コラム３】マヌカハニーとニュージーランド

クローバー、アカシア、レンゲ、タイム、ローズマリー、ラベンダー、そば、菜の花、コーヒー、タンポポ、ユーカリ、オレガノ、セージ、ラズベリー……。これらは世界中に何十、いや何百と言っても過言ではない様々なハチミツの種類のほんの一握りだ。

そしてマヌカもその一つ。

ニュージーランド（以下ＮＺ）において、マヌカほど相矛盾する評価を得た植物はないであろう。マヌカハニーは、ＮＺの生態系において注目されてはいないものの、重要な役割を果たし続けてきている。マヌカは何十年もの間、しかも一九九〇年代に入ってまでも「雑木」とみなされ、雑木としての扱いを強いられてきた。そして、ようやく近年において経済面でも重要な植物という位置づけとなった。

ハチミツは、古代から食料の一部として用いられてきた。もっとも古い記録としては紀元前六〇〇〇年頃、スペイン東部のバレンシア州ビコルプ市にあるアラーニャ洞窟の岩壁画「The Man of Bicorp」にハチミツの採取が描かれている。そして養蜂の記録としては、古代エジプト紀元前二四〇〇年のエジプトにある「太陽の寺のレリーフ」が挙げられる。

ハチの「生計」は、花の蜜（花蜜）そして花粉だけに頼っている。花粉はたんぱく質とミネラル源、花蜜は炭水化物源でハチミツそして蜜蝋へと変換される。

ミツバチは一定の採取活動中、特定の種の花を訪れるという性質を持っている。これにより、ハチミツには一貫性のある味と風味が保たれ、人間にとっては好都合となる。また、花蜜を採取される植物そのものにとっても、同じ種の花粉を受粉することになり、好都合ということになる。しかし、当然のことながらミツバチはどこへでも飛べるので、異なった種の花からの花蜜が採取されてしまうこともある。

マヌカ（Leptospermum scoparium）はイギリスの海軍士／海洋探検家であるジェームズ・クック船長の一回目の航行の際、一七六九年にＮＺ寄港の際にその葉が紅茶の代替品として使われた。その由来から、マヌカは今でも通称「Tea Tree」とも呼ばれている。

クック船長による二回目の航海でも、ＮＺには一七七三年に寄港しているが、その際、ＮＺでは初となるビール（に似たものと言った方が正しいであろうが）をマヌカの葉から造っている。当時、航海中の病死にいたる確率は五〇％であった。マヌカから造ったビールは、船員にとっては酒だったようだが、クック船長としてはある種の薬として与える狙いがあったようだ。

マヌカはＮＺの北島、南島、そして最南端に位置するスチュワート島にも分布する。低地から海抜一六〇〇メートルまでの標高、また湿地帯、川の礫岩、乾燥地と環境がまったく異なっている状態でも生息できる、タフな植物である。

近年においてマヌカハニーには薬効成分があると注目を浴びているが、第二次世界大戦前までハチミツは一般的に家庭療法として使われ、そしてＮＺにおいては、すでに病院においても創傷とやけどのケアに使われていた。しかし当時は、まだマヌカハニーの効能が知られていない状況だった。

その後、抗生物質の発見に伴い、抗生物質は特効薬ともてはやされ、さまざまな病気、疾患の治療に使われ、数えきれない命を救った。

そしてハチミツは、再びパンに塗る「食品」という位置づけになってしまった。西洋では、食品が薬になるという考えに抵抗があるのだ。一方、東洋においては「医食同源」という言葉もあるように、食べ物が薬になりえることに理解がある。この認識の違いにより、マヌカハニーの特質が見出されるまでにはまだ年月を要することとなる。

人間とハチとの歴史は桁外れに長いものの、マヌカハニーの味を初めて口にしてからは、たった一七〇年強の年月しか経っていない。その最大の、かつ単純な理由として、それまでＮＺには在来種として「ミツバチ」が存在しなかったからである。ＮＺ在来種の「ハチ」は二八種生息するものの、そのどれも「ミツバチ」ではなかったのだ。

一八二七年、ナープヒ部族のチーフがイギリスからのキリスト教メソジスト宗派の宣教所をＮＺ北島マングウグ（オークランド中心部から北に二六九キロ、車でおよそ三時間四〇分）に建てても良いとの許可を出す。その後、一八三九年に宣教師ジョン・バンビーの兄に家事手伝いとして同行した妹メアリー・バンビーは、イギリスからミツバチを当時ヨーロッパで使われていたわらで編まれた「巣箱」二つで持参した。どのようにミツバチ（European black bee：Apis mellifera mellifera）たちがイギリスから六ヵ月にもおよぶ船旅を生き延びたかは謎だが、マングウグに生息していたマヌカの花蜜から当時マヌカハニーが収穫されていたことは間違いない。その後、メアリー・バンビーが持ち込んだハチを含め一三種類のハチが意図的か偶発的かわからないが、NZに持ち込まれることになる。一八七六年にはイタリア産のハチ（Italian honey bee; Apis mellifera ligustica）がヨーロッパから輸入され、現在においてもマヌカハニーにはこのハチとその亜種のApis mellifera carnicaが広く使われている。

マヌカもマオリ語ながら、NZだけに生息する植物ではない。マヌカはギョリュウバイ属に属するが、世界中には八八ものギョリュウバイ属が存在する。そのうちの八六は豪州にも存在する。Leptospermum scoparium

（マヌカの学名）がマヌカハニーの花蜜の元になるが、ＮＺの気候に似ている豪州の主に南東部に当たるニューサウスウェルズ州南部、ヴィクトリア州西部、そしてタスマニア島に生息する。マヌカは幅広い標高、環境に適用しているが高温には耐えられないため、豪州の奥地には生息できない。

マヌカは、環境が悪くても生息する生命力を持っている。また、ＮＺの先住民マオリ族は、固く強いマヌカの木材をカヌーのオール、食器のボール、棒たたき、魚や鳥の狩猟用の槍、そしてウナギ用のポットなどの様々な用途に使っていた。さらにマオリは、マヌカ植物そのものがまぎれもない「薬局」だという知識を持っていた。葉から摘出した浸出液は泌尿器感染に、葉のお茶は下痢や赤痢に、蒸した葉の蒸気を吸うことによって風邪の症状の緩和に、内部樹皮の煮だしは解熱剤やその煮だしでのうがいでのどの痛みの緩和などに重宝された。外樹皮は口内、のど、目の疾患に使用、さらに種のさやも使われていた。赤ちゃんのコリック（別名「黄昏泣き」と呼ばれる赤ちゃんが夕方ひどく泣き出して何をしても泣き止まない状態のこと）の緩和にさやをしゃぶらせる。そして、種のさやをすりつぶしたものを湿布として、傷口や化膿などに使用。その他に夏には若い枝から甘い樹液が出、それらはガムのようで、のど飴のようにして使われていた。

マオリは、マヌカ植物そのものに薬効性があることは知っていたが、近年にいたりマヌカハニーが注目されるまで、移住してきたイギリス人やヨーロッパからの移住者にとって、マヌカ植物そのものはただの醜悪な雑木以外のなにものでもなく、一九九二年にいたっても農林省までもがマヌカはただの雑木という定義をしていた。

一九五〇年代におけるＮＺからヨーロッパ向けの輸出用ハチミツの色は、薄ければ薄いほど高値だった。そのため、食卓用標準基準に達するためにクローバーのハチミツとたとえばポプッカワ（ＮＺの北海岸沿いに自生する植物。クリスマス頃赤い花を咲かせるので「ＮＺのクリスマスツリー」とも呼ばれる）のハチミツがブレンドされ、色を調整して出荷されていた。

近年においては技術の発展で問題はないが、当時はスコットランドに多く生息するヒース（エリカ属）と同様、マヌカハニーはハチミツの性質上、簡単に流れ出ないいため、巣から摘出するのに一苦労だった。ヒースと同様、マヌカには特殊なたんぱく物質があり、それが水分、ブドウ糖、果糖に結合するため、スプーンの一すくいのハチミツは、スプーンを逆さまにしても垂れないのだ。

また、マヌカハニーの色は濃く独特な味のため、オークランドでの販売でさえ、クローバーのハチミツの半値しかつかなかった。また、これはどこまで本当の話かはわからないが、マヌカハニーは値があまりにも低すぎ、海に捨てたという養蜂家もいたそうだ。この話を否定する養蜂家はいないことから、そこには真実が隠されていると考える。

一九八〇年代ワイカト大学のピーター・モーラン博士とそのチームは、ハチミツの抗菌効果の実験を行なっていた。そしてマヌカとマヌカの「従妹」と呼ばれる「カヌカ」がダントツの抗菌効果を持っていることを発見。実験の一つでは九五度で一時間以上熱しても抗菌効果があり、また二〇倍に薄めても抗菌効果が得られた。そのような成果を上げたにも関わらず、王立ニュージーランド協会の論文誌の一つ、ニュージーランド農業研究論文誌への研究結果発表への投稿は「論文テーマはいかなる者にとっても興味のないものである」という理由で拒否された。

そのような経緯もあったが、その後英国の養蜂研究論文誌には取り上げられ、研究は一九九〇年代に入っても継続し、その頃からマヌカハニーの薬効成分には高いものもあれば、低いものもあることがわかってきていた。後に、英国医薬協会の研究論文誌に取り上げられ、国際的にNZのハチミツに興味が持たれるようになった。

マヌカハニーの「地位」は、メディアの取り上げにより一気に浮上する。二〇〇〇年に英国BBC健康番組では細菌が原因である髄膜炎、そして髄膜炎敗血症により両足、そして両手のすべての指先の切断を余儀なくされた男性が取り上げられた。手術後の傷口は皮膚移植も含め様々な処置がなされたがなかなか治らず、九ヵ月間も耐えられない痛みとの闘いが続いた。

そしてある日、マヌカハニーを塗るという処置がなされ、傷口はみるみるうちに回復し、痛みそして傷口の独特な臭いも消え、九週間後には完治した。番組では様々な原因により傷口が治らない例が紹介されていたが、いずれもマヌカハニー（外傷用に医療機関で処理されているもの）が塗られた外傷用ドレッシング材（傷を覆うもの）での治療で改善されていた。今ではＮＺそして世界各地における医療機関において、火傷、創傷の早期治療としてマヌカハニーが使われている。

マヌカハニーの活性基準においては現在三つの正式標準が存在する。「ＵＭＦ」「ＭＧＯ」そして「ＭＧＳ」。まずＵＭＦ（Unique Manuka Factor）とは、他のハチミツにはないマヌカハニー固有の抗菌効果である非過酸化水素（メチルグリオキサル）を表したものだ。一般的なハチミツにも含まれる抗菌成分である過酸化水素と分けて検査され、非過酸化水素のレベルのみを活性度として数値化し、ＵＭＦ　5+、10+、12+、15+そして20+とレーティングされる。この表記はＵＭＦハチミツ協会登録会員のみが使用でき、消費者はウェブサイトで登録者を確認することができる。

ＭＧＯは、ドレスデン大学トーマス・ヘンレ教授によりマヌカハニーの遺伝子マーカーであるメチルグリオキサルが直接的にマヌカハニーの非過酸化水素の抗菌効果に関係していることを確認する単位だ。ＭＧＯの数値が高いほど、抗菌効果が強くなり、現在メチルグリオキサルの値はＭＧＯ30（三〇mg／kg）からＭＧＯ550（五五〇mg／kg）までの範囲がある。ＭＧＯはManuka Health New Zealand社の商標。

そしてＭＧＳ（Molan Gold Standard）がある。これはマヌカハニー研究のパイオニアでもあるピーター・モーラン博士の自らの名前が使われているが、前出のメチルグリオキサルを査定するもので、正真正銘のマヌカであることを証明するものである。そのレーティングはマヌカハニー成分の純度と質を5+（メチルグリオキサル一〇〇mg／kg）から25+（メチルグリオキサル一一〇〇mg／kg）までとし、一一段階がある。

二〇一七年六月上旬には、オタゴ大学の遺伝学者ピーター・ディアデン博士によりマヌカハニーに含まれている花粉粒のＤＮＡを摘出する方法が発表された。この方法によると、同じマヌカでも生息地によってＤＮＡに特徴があるため、そのマヌカハニーがＮＺのどの場所からのものなのかが特定できることになる。二〇一六年六月末時点では、次の数字が発表されている。

登録されている巣箱：六八四・〇四六個
年間ハチミツ生産量：約二万トン
ハチミツ輸出価値：三億一五〇〇万ＮＺドル（二五二億円）
クローバーハチミツ：九・五〇〜一三・〇〇ＮＺドル／kg（大量買入れ）
マヌカ：一二・〇〇〜一四八・〇〇ＮＺドル／kg（大量買入れ）
イギリス、中国そして他の国々に対する輸出量として、今後数年間にハチミツ輸出価値は、四億ＮＺドルに達すると見込まれている。

世界中から注目されているマヌカハニーは、近年ますますその需要が増え、価値は更に上がると見込まれる。あるマヌカハニーのブランドでは、

UMF26二一〇グラムで一〇〇〇NZドル（八万円）と驚くべき値段で売られているものもある。それにより、NZの地方では〝ゴールドラッシュ現象〟が起きているが、その裏で巣箱の盗難、器物破壊、そして殺虫剤の使用が報告されている。

NZの警察によると、二〇一七年一月までの六ヵ月間にミツバチまたはハチミツの盗難は四〇〇件にのぼるという。その他にも、養蜂家に対する嫌がらせも報告されている。

長い間、半径五キロ以内に一軒だけだった養蜂家が、今日においては同じ地域に五六軒も密集しているケースもある。これはハチにとって食料供給減で競争が激しさを増し、ハチそのものの健康状態にも悪影響を及ぼしている。そして長年養蜂で生計を立てていた人達、または純粋に副収入源を見込んで巣箱を持っていた人たちを排除する流れになりつつある。

さらにマヌカハニーの容器に貼られるラベル使用料も年間四万NZドル（三二〇万円）と高額で、とてもではないが個人の養蜂家には負担できない状態となっている。そんな足元を見るように、マヌカハニーの大手ハチミツ会社の買い取り価格はマヌカハニー八五・〇〇ＮＺドル／kgだが、実際の販売価格は四〇〇・〇〇ＮＺドル／kgという一例もある。

世界中から注目されているマヌカハニーを守るため、ＮＺ行政そして国レベルで様々な面からハチ、そして養蜂家を守るべく策を試案して欲しいと切に思う。

【コラム４】ある長期在留邦人が語る「ニュージーランドの食とオーガニック事情」

ＮＺは多国籍の人々の集まりでできているため、それぞれの国民性が色濃く出ており、〝郷に入って郷に従わず、わが道を行く〟国民性である。実にいろいろな国から来ていて、インド人や中東出身の人も結構いる。彼らは宗教上の理由から、たとえばヒンドゥー教の人は肉そのものを食べないし、イスラム教の人は豚肉やアルコールが入っている物を口にしない。また、白人でも菜食主義（ベジタリアン）の人も結構いる。また、子供のアレルギー発症率がかなり高く、乳製品大国ＮＺにいながら乳製品が食べられない子供も意外と多い。

このような事情により、スーパーマーケットでは日本より細かく内容物が記載されている。オーガニックのコーナーに加え、インターナショナルのコーナーもあり、世界中の食べ物が国ごとにまとめて置かれている。日本の製品ではお米・海苔・寿司酢・しょうゆ・ガリといった〝ＳＵＳＨＩ〟関連のものから、「コアラのマーチ」や昔からある日本のお菓子などもある。

ＮＺ人はオーガニック意識が高いことから、オーガニックを謳うレストランやカフェでは、メニューに生産地・輸入元を記載するのが標準である。ワインに関してはソムリエでなくても従業員は最低限の知識があり、ワインリストにはワイン名・ブドウの種類・生産地・年代が書かれている。日本のように「グラスワイン　赤・白」というような単純な表記では、ＮＺ人からは「もっと種類がないのか」と言われかねない。

毎週開かれる各地でのファーマーズマーケットは、ＮＺ人にとってはなくてはならぬもの、ＮＺ人の楽しみの一つである。ここでは生産者が出店で卵・ハチミツ・ハム＆サラミ・野菜・果物・パン・ドレッシングなどの食べ物から手作り石鹸や手編みのセーターなどまで売っており、そのほとんどは生産者こだわりのオーガニック製品である。ファーマーズマーケットの出店者の多くは、その売り上げで生計を立てている。それほどにぎわっているのだ。

前述しているように、ＮＺは乳製品大国として名高い。数年前だが、ＮＺの乳製品の質の高さを示すこんなニュースがあった。

中国人、ＮＺでも粉ミルク買い占めで現地困惑＝ついにＮＺ貿易相、「取り締まり始める」

中国人旅行者がニュージーランドやオーストラリアの各スーパーで乳児用粉ミルクを大量に買い占め、現地で粉ミルクの供給が不足している問題で、ニュージーランドのティム・グローサー貿易大臣はこのほど、「粉ミルクを大量に買い占め、中国に輸出する行為を取り締まるための措置を講じる」と表明した。ニュージーランド商品のイメージに影響が及ぶことを避ける狙いだ。二一日付でシンガポールメディアが伝えた。

グローサー貿易大臣は、「ニュージーランド産の乳製品は中国市場の需要を満たせるものの、粉ミルクの輸出は合法的であるべきだ」との認識を語った。

現在、ニュージーランドの一部のスーパーは、粉ミルクの購入について、「一人一回につき四缶まで」と制限を設けた。オーストラリアでも、「一人当たり三缶までに限る」との案内を中国語で掲示しているスーパーがある。

（フォーカスアジア二〇一三年一月二二日付）

——

ＮＺでオーガニック食品を買う時、私は「ファロー」や「ノッシュ」という店をよく使っている。日本でいえば「成城石井」や「紀ノ国屋」と同じような高級スーパーである。その他、オーガニック専門のスーパーもある。今でこそ世界的にオーガニックは知られるようになってきているが、ＮＺでは以前より意識が高い。私が気に入っているオーガニックスーパーは「コモンセンス・オーガニクス」だ。この店は一九九一年にウェリントンで誕生した、ＮＺのオーガニックシーンをリードするスーパーマーケットで、一九七五年ウェリントン郊外に有機農園を開いたＮＺ人夫婦のジムさんとマリオンさんによって設立された。

「コモンセンス・オーガニクス」のモットーは、

①オーガニック

②環境に配慮した持続可能な産業で生まれたモノ

③フェアトレード&社会貢献
の三つである。地産地消を推奨してなるべく地元産のモノを取り扱っている点も特長だ。地元住民の支持を受け、現在はウェリントン周辺に五店舗を展開する他、二〇一五年四月にはオークランドにも新店をオープン。オンラインストアも運営している。

このようなオーガニックスーパーは一般的なスーパーよりも規模は小さいが、ひと通りの商品が揃う。生活用品をすべてここで入手してもいいし、アレルギー対策、ベビー用品、低刺激コスメなど必要なモノをピンポイントで購入するのもお勧めである。値段は少し割高だが、子供を持つ母親、健康意識の高い人々は、好んでオーガニック商品を選んでいる。

日本ではあまり見かけないが、NZはお相撲さんサイズの白人がいたるところにいる国でもある。オーガニック製品を含む健康志向の人と肉食欧米型の人と、二極分化しているように感じる。

舌がとろけるシーフードも世界一！

人間の手で汚染されていない海に囲まれているＮＺ（ちなみに日本よりも小さい国なのに、経済水域〈ＥＥＺ〉の広さはなんと世界第四位。ちなみに日本は第六位）。もちろんシーフードも豊富で抜群にうまい。その中から、代表的なものをご紹介しよう。

まずは「クレイフィッシュ」だ。クレイフィッシュとはＮＺ産伊勢海老のことである。日本の伊勢海老に劣らぬ甘みのあるプリプリとした食感で、高級食材として人気だ。レストランでは半身で三五〇〇円くらいから食べることができる。春から夏にかけての九月から三月が旬（言うまでもないが、季節は日本と逆になる）。シンプルにゆでたクレイフィッシュをそのまま食べても美味しいが、ガーリックバターとレモンをかけるとより一層美味しくなる。

お次は「グリーンマッスル」。グリーンマッスルはＮＺ近海でしかとれないムール貝の仲間で、貝殻がやや緑色なのが特徴だ。プリッと肉厚で甘味が強く、噛むたび口の中に爽やかな潮の香りが広がる。ワインとも相性が良く、おつまみとして、またレストランではワイン蒸しやソテーなどの料理で楽しめる。

日本人も大好きなオイスター（カキ）は、NZでも名産品の一つだ。中でも南島南端部の町ブラフでとれる特産のブラフオイスターは、海峡の純粋な冷水で育つカキで一切養殖されていない。その味は濃厚でミルキー。舌触りも滑らかで、口の中に入れると貝そのものの甘みと香りが立ってくる。世界の美食家の舌をうならせ、世界一の味と賞賛する人もいるほどの名産品だ。生でカキそのもののうまみを楽しむのもよし、カキフライにして軽くレモンをかけて食べるのもよし。旬の三月から八月のシーズン以外は流通量が少ないので、事前にレストランに確認しておくといいだろう。いずれにしても、この絶品物のオイスターはぜひお試しあれ。

サーモンも、とにかくうまい。NZ産のキングサーモンは脂がのってとろけるような食感で、味は日本のトロサーモンのよう。レストランでは、前菜とし

ＮＺのラム肉は世界でもトップレベルの質と味を誇る

NZ では日本の伊勢海老とほとんど変わらないものがとれる

（上・右下：村田康治氏撮影
左下：第二海援隊取材班撮影）

てスモークサーモンを使った料理がメインとしてはソテーやグリル、パスタなどに使われ、生ではあまり見かけない。しかし、日本料理レストランでは新鮮なキングサーモンをたっぷりのせたサーモン丼があり、地元の人たちにも好評だ。値段は料理にもよるが、メインとして食べるなら二〇〇〇円くらいからだ。

他にも、オレンジラフィー（ヒウチダイ）・ホキ（NZで釣れるタラの一種）・トラバリ（縞アジ）・パウア（アワビの一種）・スナッパー（タイ）・テラキヒ（NZで釣れるスズキの一種）・トゥアトゥア（ハマグリに似た貝）・ホワイトベイト（シラス）・ホタテ・イカなど、美味しいシーフードには事欠かない。

NZのレストランでは必ずと言っていいほど「本日の魚料理」とメニューに謳っているので、その日の市場で仕入れた新鮮な魚を味わうことができる。季節に応じて食べられる魚介も変化してそれもまた楽しい。NZに行った際は、少しリッチに良いレストランで美味しいシーフードを食べることをお勧めする。

豊富な食材盛りだくさんの名物料理

これほど食材に恵まれているのだから、それらを使った名物料理もいろいろある。まずは「プラッター料理」だ。こいつはワインとの相性も最高にいい。プラッター料理とは大皿料理のことで、その名の通り大きな皿に数種類のチーズ・オリーブ・ガーリックトースト・オイスター・グリーンマッスル・スモークサーモン・生ハム・サラミ・ナッツ・新鮮なキウィフルーツやブドウ、その他旬の幸などを少しずつ盛り合わせたものだ。シーフードプラッターやチーズプラッターなどがある。値段は四〇〇〇～九〇〇〇円ほどで、使っている食材によりかなり違ってくる。多くのプラッター料理は二人前だが、見た目以上にボリュームがあるので、女性なら三人で取り分けてもちょうどいいくらいだ。ワインと相性がいいだけに、ワインを豊富に取り揃えているレストランやワイナリーの併設レストランなどでいただける。

イギリス名物としておなじみのフィッシュ＆チップスは、白身魚のフライに大量のフライドポテトがついてくる。歴史的にイギリスからの入植者が多く、海に囲まれ新鮮な魚介類の食べられるＮＺでは、とてもポピュラーな料理の一つだ。レストランでは新鮮なタラや舌ヒラメなどを使ったこだわりのフィッシュ＆チップスが二〇〇〇円程度で、ファストフード店では三〇〇円くらいからリーズナブルに楽しめる。フライドポテトの種類もジャガイモだけではなく、クマラ（さつまいもの一種）やウェッジズ（衣がスパイシーな三日月形のフライドポテト）などを選ぶこともできる。量も、「これで付け合わせ？」と思ってしまうほど大盛りのフライドポテトが盛られてくる。持ち帰りにすると大きな紙に包まれ渡されるので、海辺でビールを片手にアツアツのフィッシュを手づかみでほおばると、美味しさは格別だ。

フィッシュ＆チップスは当然イギリスからの入植者の料理だが、次は先住民族マオリの伝統料理にいこう。マオリに伝わる伝統料理「ハンギ」だ。これは特別なお祝いごとの時に作られる。調理法は地中に穴を掘り、焼け石を敷き、その上に鶏・豚・牛肉とジャガイモやキャベツなどの丸ごと野菜が入った大きな籠を入れ、濡れた布を被せて数時間蒸し焼きにする。ただ、このような昔ながらの調理法でハンギを作るのは非常に手間がかかるため、現在は「モダンハンギ」とも呼ばれる大きな釜を使った専用の機械も使用されている。肉も芋も口に入れた瞬間にとろけるほど柔らかで、素材そのものの味が活きたあっさりとした味わいが特徴だ。一般のレストランでは見かけることはできないが、北島北部のロトルアではこのハンギ料理が名物である。ホテルでハンギ料理を楽しみながら、先住民族マオリの伝統芸能を鑑賞するディナーショーも一興だ。

ワインだけじゃない。ビールも美味しいニュージーランド

第一章でＮＺの素晴らしいワインについて詳しく述べたが、実はＮＺ人がもっともよく飲むアルコールはワインではない。ビールなのだ。ＮＺの一般的なリカーショップでは、品ぞろえの六割以上がビールなのだ。ＮＺ人が年間に

飲むビールの量は一人平均六二・七リットル（二〇一四年）。日本人も結構飲んでいるようだが、四二・六リットルだから、NZ人の方が一・五倍も飲んでいるのだ（ちなみに世界で一番ビールを飲む国民はドイツではない。ドイツ人は四位。一位はチェコ人で、なんと年間一四二・六リットルも飲んでいる）。

NZビールはアルコール度数が四％～五％で、日本より少し低い程度であまり変わらない。日本では、低温・長時間発酵による色の薄いラガービールが主流だが、この国では常温・短時間発酵で造られる色の濃いエールビールにも人気がある。NZ全国には約六〇の醸造所とパブがあり、二〇〇種を超える地ビールが存在する。日本でも有名なのは「スタインラガー」だが、私の一押しは第一章でも述べた「スペイツ」と「ライオン・レッド」だ。

スペイツは一八七六年に南島南部のダニーデンでその歴史をスタートさせた古いビールメーカーだ。ネルソンのホップとカンタベリーの大麦を使い、苦さに独特の風味が加わっている。近年まで南島でしか手に入らなかったこともあり、「Pride of the South（南島の誇り）」というキャッチコピーを持っている。

スペイツでもいろいろなビールを造っているが、私の一押しは「オールドダーク」だ。黒ビールなのだが、甘さと香ばしさが絶品だ。私は世界中のビールを飲んできたが、かのギネスよりスペイツ・オールドダークの方がはるかにうまい、個人的には世界一うまいビールだと感じている。このスペイツ・オールドダーク、日本ではもちろん見かけることはないし、ＮＺ国内でも北島ではなかなかお目にかかれない。南島に行かれた方は、ぜひお試しいただきたい。

お酒の話の続きで、ちょっとした豆知識を。ＮＺでは「ＢＹＯ」とか「ＢＹＯＷ」などと看板に掲げてあるレストランを多く見かける。ＢＹＯとは「Bring Your Own」の略。つまり、お酒の持ち込みが可能ということだ。店内のグラスを使用するため数百円程度の持ち込み料はかかるが、レストラン内で注文するよりもずっとリーズナブルだ。何よりお気に入りのお酒を持ち込め、料理と一緒に楽しめるというのが嬉しい。ちなみに、ＢＹＯＷという表示のある店では「ワインのみ持ち込み可能」という意味なのでご注意を。ラストのＷはもちろん「Wine」の意味だ。

世界トップレベルの環境保護国

本章のテーマはＮＺの素晴らしい食と環境だ。食に関してはもう十分その素晴らしさは伝わったと思うので、次は環境に移ろう。ＮＺは自然環境の保護に積極的に取り組んでおり、環境保護に対する人々の意識も高い。「環境パフォーマンス指数」（Environmental Performance Index–EPI）という指標がある。これはアメリカのイエール大学とコロンビア大学が各国の環境パフォーマンスを測定して指標化したもので、環境衛生（Environmental Health）と生態系持続力（Ecosystem Vitality）の観点から、以下の九つのカテゴリを評価して一〇〇点満点で指数化している。

- 健康への影響（Health Impacts）：乳幼児死亡率
- 大気環境（Air Quality）：家庭燃料、環境大気汚染
- 水衛生（Water and Sanitation）：飲料水、公衆衛生

●水資源（Water Resources）：排水処理レベル
●農業（Agriculture）：農業支援、農薬規制
●森林（Forests）：森林面積変化
●漁業（Fisheries）：トロール・底引き網漁の漁獲、水産資源の乱獲量
●生物多様性と生息環境（Biodiversity and Habitat）：
　陸上・海洋の保護地域面積、危機的生息環境の保護
●気候とエネルギー（Climate and Energy）：ＣＯ２排出量の変化

この環境パフォーマンス指数で、ＮＺは八八・〇〇点で世界一八一ヵ国中第一一位（二〇一六年）で、かつては一位になったこともある。ちなみに一位は九〇・六八点のフィンランドだ。日本は八〇・五九点で三九位、中国は六五・一〇点で一〇九位だ。ＮＺの環境意識の高さを示す一つの指標といえるだろう。

米核艦船寄港に「NO！」を突き付けたニュージーランド

ＮＺは一九八七年に、国内で核の製造や所持をするのはもちろん、核反応が起こるような機器を操作することすら禁止するという通称「非核法」と呼ばれる法律を制定させている。世界でも稀有な、まったく核がない国だ。もちろん原子力発電所もない。これにはちょっと驚くべき歴史がある。

戦後の冷戦期、ＮＺの安全保障は一九五一年から「太平洋安全保障条約」（通称加盟三国「Australia, New Zealand, United States Security Treaty」の頭文字を取ってＡＮＺＵＳ）によって維持されてきた。しかし、一九八四年に発足したロンギ政権は、原子力潜水艦あるいは核武装した米艦船のＮＺの港の利用とＮＺ水域への進入を禁止。さらに一九八五年には南太平洋非核地帯（ラロトンガ）条約に調印。そして、八六年のチェルノブイリ原発事故を受け、核兵器や原子力に反対する世論が高まったことを受けて、八七年に非核法を制定した。同盟国アメリカの核艦船の寄港拒否を宣言したのだから、当然アメリカとの間で「アンザス危機」と呼ばれる深刻な対立が生じた。

ロンギ政権は、対米同盟と非核政策が共に自国の安全保障の重要な要素であるとして、政権成立直後から「核抜きＡＮＺＵＳ」の可能性を模索してアメリカに対し同盟関係の修正を求めたが、米側は核抜きの「部分的同盟」は認めないとしてＮＺに政策撤回を迫った。しかしＮＺは妥協せず、ＮＺの非核政策が日本など他の重要な同盟国に「伝染」することを懸念したアメリカは、同国に対する安全保障義務を停止。このためＡＮＺＵＳ条約は、現在では事実上、ほぼ米豪間のみの同盟条約となっている。

ＮＺの非核法誕生の背景には、この驚くべき対米外交史が存在するのだ。

歴史を見ればヨーロッパからロシアを挟み中国にいたるユーラシア大陸は、まさに戦争に次ぐ戦争の歴史であった。長く海によって守られたきたわが国も、核ミサイル時代の現代において、その海はもはや守りの役目を果たしてはくれない。そういう北半球の国々と比べると、ＮＺという国はなんと恵まれた天国であろうか。地政学的にこれほど恵まれた国は世界に他にないと断言できよう。

マオリ族と共存共栄で開発した地熱発電

ＮＺはエネルギー政策でも驚異的な国だ。ＮＺは再生可能エネルギーの開発に力を入れており、国内総発電量の実に約七五％を再生可能エネルギーで補っている（二〇一三年）。再生可能エネルギーは自然エネルギーとも言われる。自然界の何らかの作用を利用して発電する方法で、太陽光・風力・波力・地熱などを用いる。すでに述べたように、非核法により原子力発電所はなく火力発電所の新規建設も国が禁止している。天然ガスや石油、石炭などを使った化石燃料やウランなどの地下資源を使った発電方法を枯渇性エネルギー発電というが、日本の場合は発電量全体の九割近くを枯渇性エネルギーで賄っている。再生可能エネルギーはわずか一割程度に過ぎない。

しかも、ＮＺは今後さらに自然エネルギーの比率を高め、二〇二五年までに全体の九〇％を自然エネルギーに置き換えるとＮＺ政府は発表している。

現在、ＮＺにおける総発電量に占める割合が一番高いのは水力で五四・五％、自然エネルギーでは次が地熱で一四・五％だ。その次が風力で四・八％となっている。水力の割合の高さが目を引くが、水力発電所の新規建設は環境団体などの反対で許可がなかなか下りず、実はその比率は低下傾向にある（かつては九割を超えていた）。わが国でも注目したいのは地熱だ。なぜなら、ＮＺもわが国と同じく火山地帯に位置する地熱大国であるからだ。そして、ＮＺはイタリアに次いで世界史上二番目に地熱発電を行なった国であり、現在の地熱発電容量の世界ランキングでも一〇〇五ＭＷで世界第五位。日本は五一九ＭＷで世界第九位であるが、ＮＺの最大使用電力は六五七〇ＭＷで日本のわずか約四・三％に過ぎないことを考えれば、その大きさ、力の入れようがわかろうというものだ（ちなみに、ＮＺ同様地熱発電に向いているわが国の地熱発電の割合は、総発電量のわずか約〇・二％に過ぎない）。

地熱発電のメリットは、まずなんといっても環境に優しいことだ。ＣＯ２排出量の観点でみると地熱発電は化石燃料を原料とする火力発電と比較すると実に約二〇分の一程度しか出さない。また、化石燃料のように資源が枯渇する心配がない。地熱そのものはほぼ無尽蔵にある。また、同じ自然エネルギーでも、太陽光や風力は天候や時間帯、季節の変化による影響をかなり受けるが、地熱の場合、その影響を受けにくい。安定的な電力供給が期待できる。その一方でいくつかのデメリットが指摘されているが、そのうちの一つに温泉への影響・温泉地の景観への影響という問題がある。実際に地熱発電所の建設計画が地域の温泉観光業者の強い反発を受けて中止となったケースも存在している。地元の人たちから同意を取り付けるのは、そう簡単なことではない。

実は、NZの地熱発電所建設においても似たような問題は存在した。NZの大部分の地熱資源は北島の火山帯に沿う地域に集中しており、それらの土地は多数のマオリ族の人々に所有されている。地熱発電事業者はそういった土地へのアクセス権を、すべての土地所有者から得なければならない。

マオリの人々は、資源は自然のものであり、自分たちをこの世に生きている

NZの先住民、マオリ族のダンス

（村田康治氏撮影）

間の「単なる土地の管理人」とみなしている。彼らは、地熱資源を何世紀にもわたって沐浴、料理、食糧の保存、治療目的、そして祭礼目的で用い、常に地熱資源と非常に強いつながりを持ってきた。大規模な商業地熱開発は、そういうマオリの人たち聖域を脅かしかねないものであった。

この問題を解決したのが、「マオリ信託」である。マオリ信託は、複数のマオリの人々によって所有されるマオリの土地を一括して開発し、所有者達のために利用するための手段である。地熱発電開発事業者は、このマオリ信託と合弁事業を形成した。この合弁事業は、マオリの人たちに継続的かつ実質的な報酬をもたらした。それはたとえば、土地の継続使用料であり、政府から得た炭素クレジットの国際市場での転売利益であり、新しい雇用機会であり、事業者との商業的取引形成経験から得たビジネス知識や能力であったりもする。合弁事業の所有権形態は長年にわたって変化してきており、マオリ族と事業者の間の信頼関係が強まってきていることを示している。

どこの国においても、自然を開発するにあたっては、開発主体と土地所有者との間で確執は起こりがちだ（中国のような強権的な独裁国家ならいざ知らず）。日本ではそれがうまくいかないから、地熱発電がなかなか展開していかないことはすでに述べた通りだ。しかし、ＮＺは実にうまいシステムを構築して、土地所有者である先住民族マオリと共存共栄しつつ地熱資源開発に成功しているのだ。私たち日本人は、こういう点もおおいにＮＺから学ぶべきであろう。

電気と原発に対するニュージーランド人の考え方に学ぶ

先に述べたように、ＮＺは国内で核の製造や所持をするのはもちろん、核反応が起こるような機器を操作することすら禁止する完全な非核国であり、当然原発もない。使用電力量が日本の四％強でしかないのだから、単純に日本も「ＮＺと同じように原発ゼロ！」というわけにはいかないだろう。しかし、ＮＺの姿勢に学ぶべき点はある。それはまず、電力や生活に対する考え方を見直してみることからだ。電力はあって当然、莫大な電力は必要という考え方から見直してみてはどうだろうか。

日本で自然エネルギーが普及せず、どうしても原発が必要になる理由の一つに価格の問題がある。実は、NZは自然エネルギーが主体であることもあり、電気代はかなり高い。ひと家族で三〇〇～四〇〇NZドル（二万四〇〇〇円～三万二〇〇〇円）かかったりもする。そういう事情もあり、NZではテレビCMなどでも「節電のコツ」みたいなものを流していたり、電化製品には必ず「節電率」みたいなものが表記されていたりと、節電に関する意識は非常に高い。

また、日本のように街中のライトが二四時間煌々と照っていることもない。街全体が暗い。NZ最大の都市オークランドであっても夜は暗くなる。もちろん、道沿いにも自動販売機などはない。「電気を湯水のように使わない」――これがNZ人の電気に対する基本姿勢だ。これに対して、私たち日本人はどうか。「オール電化」などという言葉もあるが、私たち人は電化製品に囲まれて、始終当たり前に莫大な電力を使うことを前提に物事を考えていないだろうか。

四角《よすみ》大輔さん――かつて大手レコード会社に勤め、平井堅やCHEMISTRY、絢香、Superflyといった人気アーティストのプロデュースを手がけていた彼は、二〇一〇年、大量消費社会から距離を置くべく、サステナブル（持続可能）でインディペンデント（独立した・自立した）な生き方を求め、NZの原生林に囲まれた湖に移住した。現地で自給自足ベースかつ低消費の〝森の生活〟を営んでいる。その四角氏は、NZと日本との共通点をこう語る。「ニュージーランドの面積は日本の七割ほどで、どちらも四季があって自然豊かな島国です。国土における森林率が高いのも同じ。どちらも赤道をはさんでほぼ同じ緯度に位置し、暖流のおかげで魚などの水産資源も豊かです。そして、原住民マオリの影響をうけてニュージーランドが採用している『石一つ、魚一匹、一輪の花それぞれに神様が宿る』という独特の生命観は、『八百万の神が宿る』という日本の自然信仰にも通じるところがあると思います。細かい気配りができるところや清潔といった国民性も、日本人との共通点ですね」（ハフィントンポスト二〇一三年九月一八日付）——そうなのだ。本来、日本人もNZ人と同じ感性を持っていたのだ。巨大な物質文明に流されて、今はそれを見失っているだけなのだ。その感性が今もＮＺには生きている。

私たちはＮＺを体感することによって、その豊かな感性を取り戻し、生き方さえ変えることができるのではないだろうか。

第三章

目を奪われる不動産の数々

——庭が二ヘクタールという家がゴロゴロ

ニュージーランドの不動産の魅力

ここまでニュージーランド（以下ＮＺ）の魅力をたっぷりとお伝えしたが、本章では不動産について紹介したい。私は、一九九七年に初めてＮＺを訪れてから今まで最低でも年に二回は通っているが、その中でありとあらゆる不動産を視察してきた。

ＮＺの不動産が持つ最大の魅力は、なんと言ってもその「広さ」だ。また、景色と建物との調和が格段に優れている。私は東京・世田谷の成城学園前に自宅を有しているが、ＮＺの住宅街と比較すると景観という点では多くが劣っていると感じる。正直なところ、私はＮＺの住宅街を訪れた際に覚えた感動を、日本の住宅街では味わったことはない。もちろん、日本とＮＺは違う国であり、住んでいる人口や風土、文化が違うため、一概に比較することは不適切だとの意見はあるだろう。それでも一度でも現地を訪れたことがある人なら、ＮＺの不動産が持つ魅力を理解しているはずだ。

ＮＺの国土は日本の七割に相当するが、人口はたったの四五三万人しかいない。一方の日本では一億三〇〇〇万人弱が暮らす。単純に人口密度（人口÷総面積）で比較してもＮＺは世界（一八八ヵ国中）で一五九位なのに対し、日本は二四位だ。しかも、日本は国土の約七割が山地（丘陵地を含む）であるが、ＮＺでは山地が約四割しかない。すなわち、日本の方が国土に占める人が暮らすことに適した場所の割合は少ない。こうしたゆとりこそが、ＮＺが持つ最大の魅力だ。

ただし、道路や下水といった生活インフラに関しては日本の方が整備されている。それでもＮＺの持つゆとりという点は、インフラなどのマイナス面を補って余りあるくらいだ。

事実、ＮＺの不動産には世界中から投資家や移民が殺到している。二〇一五年四月には、中国人女性が約七五〇〇万ＮＺドルで同国のスリッパー島を購入したことが世界的なニュースとなった（ちなみにこの女性は、同時にオークランドのレミュエラという地域にある一三・五億円もする豪邸も購入して話題をさらっている）。また有名なところでは、米歌手のマドンナや俳優のトム・クルーズといったハリウッド・セレブもNZに巨大な別荘を構えている。日本からも、複数の著名人が別荘を構えているという。世界のありとあらゆる場所を旅してきた彼らも、NZの魅力にとりつかれているのだ。

そこでNZには具体的にどのような不動産があるのか、これから複数の物件を紹介しよう。ただし、矛盾するようだが、昨今のタイミングでの購入はお勧めしない。NZの不動産価格は今、バブルの疑いが濃いからだ。

不動産コンサルティング会社の世界大手、英ナイト・フランクによると、NZのオークランドの不動産価格は二〇一五年に約二五％も上昇している。これは、都市別に見て中国の深圳市に次ぐ世界第二位の上昇率だ。価格の水準も、二〇〇七年の不動産バブル時のレベルに回復している。長年ウォッチしてきた私からしても、最近のNZの不動産価格は高過ぎる。

現地でも、若い人の間などで不動産価格の高騰に対する不満が高まっており、

ＮＺ政府も不動産投資熱を冷まそうと躍起になっている。今後は、海外投資家による取得を制限するかもしれない。現行では海外投資家がＮＺの不動産の取得をしようとした際に特段の規制はないが、最近ではＮＺ金融市場庁（ＦＭＡ日本の金融庁に相当）の指導によりＮＺの銀行が投資を目的とした外国人（非居住者）に対する貸し出しを抑制し始めている。ＮＺの銀行は、かつて非居住者に対しても購入金額の八～九割を貸し出していたが、最近では頭金の比率を大幅に引き上げた。これにより、海外投資家の熱も少し冷め始めてきている。

また、ＮＺでは基本的にキャピタルゲイン（資産価格の変動による売買差益）に対して課税はされないが、将来的に非居住者に対してのみ課税しようという機運が高まってきている（ちなみに非居住者が投資目的で購入後、二年以内に売却した際はキャピタルゲイン課税される）。さらに言うと、固定資産税に関しても非居住者に対してのみ引き上げようという議論も起こり始めた。

兎にも角にも、政府は不動産熱をなんとか冷まそうとしており、価格が安定するまでは何かしらの抑制策を打ち出し続けるだろう。

ＮＺの不動産の購入をお考えの方は、現行の不動産バブルが弾けるタイミングを窺っておいた方が良いかもしれない。ただし、ＮＺでは六分半に一人のペースで（移民も含めた）人口が増えていることから、タイミング良く不動産を購入できれば、長期的には非常に効率の良い投資となりうるだろう。

では、ここから具体的にＮＺの不動産を紹介していこう。

なお、紹介する物件は、私の知り合いの不動産会社「ベイリーズ」のホームページでも閲覧できるので、パソコンをお持ちの方はぜひアクセスしていただきたい。フルカラーの写真をぜひ見ていただきたいのだ。まず「www.bayleys.co.nz」にアクセスしていただき、トップページの上段にある「find」という枠に物件ごとの「Listing ID」を打ち込んでいただければ閲覧できる。ただし、皆様がアクセスした時点でホームページから削除された物件もある可能性があり、その場合はご容赦いただきたい（なお、ホームページ上「SOLD」と記載のあるものは売約済）。

一般的な物件（日本円で五〇〇〇万円～）

①Listing ID:16651692
Lot 24 33 Panama Road,Mt.Wellington,Auckland
Asking Price:790,000 ＮＺドル

最初の物件は、ＮＺ最大の都市オークランドＣＢＤ（中心街）から一二キロメートルという距離に位置する集合型新築物件だ。３ベッドルーム、２バスルーム（ＮＺではベッドルームとバスルームの数で間取りを表記する。一般的にトイレと洗面台とシャワーがセットになっている部屋をバスルームという）の総フロア面積は一〇八平米で二階建て。造りはＮＺでは一般的なレンガ張りと羽目板張り。そしてリビングにはリム（ＮＺ原産の上質な木材。家に使われていると高級感があって良いとされている）が使用されている。

建築基準は日本に比べて甘いが、オークランドは日本と比べると地震が少ない。また、この物件には一〇年の「マスター・ビルダー・ギャランティ」という建築保証が付いている。これは、建設会社が一〇年の間は何か不具合があれば無償で修理をするというものだ。この建築保証が付いている物件は、そう多くない。

オークランドの不動産価格の平均が七〇万NZドルなので、新築でありながら七九万NZドルは比較的リーズナブルであると言える。リーズナブルな理由は、ユニット・タイトルといって土地が区分保有となるからだ。NZでは日本と同じくマンション（現地ではアパートメントという）や集合住宅では建物の所有権は得られるが、土地は区分保有となる。その分、費用が安くなるというわけだ。この物件の場合は、庭が共有スペースとなる。

この物件は若い人たち向けだ。四人家族までなら十分に住めるし、何よりオークランドの中心街まで近い。働き盛りのカップルなどにもお勧めだ。

①

若い人、働き盛りのカップルにお勧め

（提供：ベイリーズ）

②Listing ID:1350442
28 Fitzwilliam Drive,Torbay,Auckland
Asking Price:**875,000 NZドル**
Rating valuation（固定資産税評価額。日本の路線価に相当。市が三年ごとに評価する）：**土地430,000 NZドル／建物270,000 NZドル**

二番目は、ノースショア（北海岸という名の北東に位置する海沿いの高級住宅地。オークランドでもっとも人気があるエリア）にある物件だ。この物件はノースショアの中でももっとも北に位置する「トーベイ」という閑静な住宅街にあり、オークランドの中心街までは車で二五分。徒歩圏内に複数のカフェやレストラン、ビーチもある。またノースショアには評判の良い小中学校もそろっているため、ファミリー向けの物件と言える（NZも日本と同様に、子供を良い公立学校に入れさせるために引越しをする人が多い）。

土地六五〇平米、建物は二階建てで一八〇平米、築二〇年、造りは羽目板張

②

ファミリー向け

（提供：ベイリーズ）

り。３ベッドルーム、２バスルーム。フリー・ホールドと言って土地と建物を所有できる。外国人も登記できるため、中国人などからの人気も高い。中国では国民に土地や建物の所有権は与えられず、使用権のみを売買している。そのため、日本やＮＺなど自身の名義で保有できる不動産に対する関心が高い。

③Listing ID:**223708**
10 Denniston Road,Lake,Hawea,Wanaka
Asking Price:**759,000 NZドル**
Rating valuation: **土地 200,000 NZドル／建物 220,000 NZドル**

次は、南島の自然豊かなオタゴ地方にある物件だ。場所は「ワナカ」といい、本物件はハウェア湖の湖畔に位置する。何より、眺望が素晴らしい。特に、二階の北向きのバルコニーからの眺望は抜群だ。築四〇年の木造、羽目板張りの３ベッドルーム、２バスルーム。それにリビングルームが二ヵ所。土地は七八

③

リタイアした方向け

（提供：ベイリーズ）

四平米で、建物は一四三平米のフリー・ホールド。六キロメートルと二四キロメートルの距離に大きな街があり、利便性は悪くないが、どちらかと言うと働き盛りの方ではなく、リタイアした方向けの物件といえるだろう。

ちなみに、本物件のように築二二年を超える木造の物件を日本人が購入した場合、減価償却を活用して所得税を節税することが可能だ。これは、日本の償却基準が適応されること、NZは湿度が低い、シロアリが存在しないなどから、築四〇年でも建物の評価額が付くからである。償却期間は四年で、たとえば築二二年を超えている五〇〇〇万円の物件で、土地価値は一〇〇〇万円、建物の価値は四〇〇〇万円という内訳であったとする。その場合、減価償却の対象となる建物四〇〇〇万円÷四年で、毎年一〇〇〇万円を四年間にわたって所得から差し引くことができる。

④ Listing ID:8111834
43 Bowden Place,Te Awamutu,Hamilton
Asking Price:**759,000 ＮＺドル**
Rating valuation: **土地 200,000 ＮＺドル／建物 360,000 ＮＺドル**

四番目はいよいよプール付きの物件である。物件は、ＮＺで四番目に（オークランド、クライストチャーチ、ウェリントンに次いで）大きい都市ハミルトン市街から約三〇キロメートルに位置する。ハミルトンは北島の北中央部ワイカト地方の中心にある街だ。築四〇年の４ベッドルーム、２バスルーム。木造で平屋建てだ（ＮＺの古い物件は平屋建てが多い。平屋の方がもちが良い）。土地は一九六〇平米、建物は二二〇平米。

駐車場も充実しており、何よりカル・デ・サック（フランス語で袋小路の意。道路の一番先端に位置し、プライバシー性が高い物件。立地条件としてもっとも人気が高い）なのが嬉しい。庭は造園術がしっかりと施されており、プールもある。しかしプールに関しては、私はＮＺで不動産業を営む友人からきっぱりと「お勧めできない」と聞いた。何より、管理が大変なのだという。庭にあるプールなどは、基本的に常に水を張ってないとプールが萎んでしまうらしい。競技用のプールは別にして、普通のプールは水圧によって形状を留めているのであり、水を抜くと形が変わってしまう。しかし、プールに水を張っておくと三週間も経てばゴミやらコケやらで真緑色になる。それを防ぐためには、浄水器を二四時間三六五日稼動させる必要がある。そのためには、莫大な費用がかかるらしいのだ。そのため、プールに憧れて無理して作ってしまい、維持費に泣くという人が少なくないらしい。本当にお金に余裕がなければ、プール付きの物件はやめておいたほう良いという。

それでもＮＺの人はプール付きの物件を好む。なぜなら、彼らはホームパーティが大好きなのだ。ＮＺの環境は日本の東京などと真逆で、お洒落なレストランやカフェなどは多くない。そのため、自宅に招待したりされたりしてパーティーを楽しむ。たとえば、結婚式なども基本的には家で挙げる。というより、

④

プールの管理は
お金に余裕の
ある人向け

（提供：ベイリーズ）

日本にあるようなお洒落な結婚式場がないのだ。たまに教会で挙げる人もいるが、ほとんどの人は家で挙げる。中には友人の広い家を借りて挙げる人も多い。だからこそ、ゲストルームが多い家が好まれるのだ。

ＮＺ人が家を買う最大の目的は資産の保全だが、それだけではない。それは、他人に見せる（魅せる）ということだ。家が自慢の品、というＮＺ人は少なくない。どちらかというと、ＮＺの人は服などに関してはかなり無頓着な印象を受ける。お金を持っている人でも「もう少し気を使ったら」と思えてしまう人が少なくない。では、何にお金を使うのか？　それこそが、家である。ＮＺ人にとっての不動産は、銀行預金と一緒かそれ以上の存在と言ってよい。

一般的に、ＮＺの人は七年周期で家を買い換える。キャピタルゲイン課税もないため、彼らにとっては家を買うことは七年物の定期預金をしていることと同じだ。その証拠に、ＮＺの家計貯蓄率（所得に占める貯蓄の割合）は低い。ＯＥＣＤ（経済協力開発機構）によると、主要三三ヵ国中で二四位の低さだ（ちなみに日本はそれよりも低い二七位。一位は中国）。多くの人が収入の大部分を、不動産ローンやクレジットカードなどの返済に充てている。また、別の調査ではＮＺ人の四六％がまったく預金を持っていない。そう、不動産などの形で資産を保有しているのだ。

直近でＮＺの一年物の定期預金の利回りは三・二％だが、彼らは不動産価格の上昇によってそれ以上のリターンを稼ぐことを目的としている。だからこそ、二～三年に一度は外壁のペンキを塗り替えるし、庭の手入れをしょっちゅうやる。さらには内装のリノベーションなどもまめに施すことが多い。彼らは家を大事に使い、さらには価値を上げようとするのだ。

また、不動産の売却をする場合、通常は不動産会社に販売委託をするが、売却に際してかかる費用は、宣伝広告費（おおむね二〇〇〇ＮＺドル）、法的な手続きを依頼するための弁護士費用（おおむね二〇〇〇ＮＺドル）、そして不動産会社に支払う仲介手数料（ＮＺでは売り手のみが仲介手数料を支払う規定であるが、金額は売却価格の三～四％）のみであり、マーケティング期間も一ヵ月が通常であることから考えると、流動資産の位置付けであると言える。

⑤ Listing ID:**2844961**
118 Spencer Road,Lake Tarawera,Rotorua
Asking Price:**839,000 NZドル**
Rating valuation: **土地 490,000 NZドル／建物 315,000 NZドル**

本物件は北島のベイ・オブ・プレンティ地区にあるロトルア湖の南岸に位置する物件だ。オークランドからの所要時間は三時間。ロトルアは間欠泉の存在などでも知られており、ＮＺを代表する観光地だ。写真を見てわかる通り、この物件は木々に囲まれている。土地二四二八平米、建物一八七平米の木造、しっくい造り。３ベッドルーム、３バスルーム。フリー・ホールドで築二〇年。この物件の最大の売りは、一九九八年に〝ＮＺＩＳ〟というＮＺでは権威のある団体からデザインに関する賞を獲得したことだ。

ただし、本物件のような海や湖の前面にある物件（ウォーターフロント物件

⑤

権威ある団体から
デザインを評価
された

（提供：ベイリーズ）

と言う）や、五ヘクタールを超える土地付きの物件、さらには一〇〇〇万ＮＺドル以上の物件の購入に際してはＯＩＡ（海外投資規約）という法律が適用されるため、非居住者は管轄の役所の許可を取得しなければ購入できない。

準高級物件（日本円で八〇〇〇万円～）

⑥ Listing ID:1250166
12 Seagate Place,Red Beach,Auckland
Asking Price:**1,139,000 NZドル**
Rating valuation: **土地 380,000 NZドル／建物 340,000 NZドル**

この物件はオークランド市の北部、シルバーデールという街にある。土地は五八五平米、建物一九九平米でフリー・ホールド。４ベッドルーム、２バスルーム。平屋建ての木造およびレンガ張りの築一〇年。

⑥

眺望は将来的にも
保証されている

（提供：ベイリーズ）

この物件には立地条件に二つの大きな魅力ある。一つは〝カル・デ・サック〟。そして二つ目は〝リザーブ〟というものだ。リザーブとは、国が所有する土地を指す。この物件の場合、前面の道路の端がリザーブとなっているため、そこに新たに家が建つことはない。買い手からすると、将来的に家の前などに建物ができて眺望が台無しになることは極めて遺憾だ。そのため、そのようなリスクをあらかじめ解消させるリザーブは、非常に価値がある。

また、インターナル・アクセス・ガレージ（屋内車庫。ガレージから外に出ることなく自宅に入れる）が二台あるのも良い。それと都市ガスだということもポイントだ。NZでは、まだまだ都市ガスが普及していない。最大の都市であるオークランドでさえも、普及率は三割程度だ。田舎などは一〇〇％プロパンガスである。背景としては、キッチンのコンロも一般的には電気であるため、家でガスを使う家庭が多くない、という事情がある。

ただ、オークランド中心街へのアクセスがいまいちだ。モーターウェイ（NZの無料の高速道路）での移動となるが、ラッシュ時（朝は七時半から八時半くらい、夜は一七時から一八時くらい）は渋滞必至のため、一時間超の通勤時間を要する。日本人（東京）の通勤時間は平均で片道一時間なので、大差はないところだが。

かつては、このくらいの物件でも日本円で三〇〇〇万円も出せば買うことができた。しかし、今では八〇〇〇万円を超えている。やはり、ＮＺの不動産はバブル状態にあると言えよう。

⑦ Listing ID:1350447
30 Lemon Grove Lane,Greenhithe Auckland
Asking Price:**1,250,000 ＮＺドル**
Rating valuation: **土地 375,000 ＮＺドル／建物 425,000 ＮＺドル**

この物件はオークランド市の「グリーンハイス」という住宅街にある。中心部からは三〇分の距離にあり、自然が豊かな土地だ。高速道路や、公立・私立の評判の良い小中学校、大型ショッピングセンターなどが近いため、若いファミリーに人気の高いエリアである。羽目板やしっくいなど、複数の材質でできた築一〇年のフリー・ホールド物件。土地五一二平米、建物一八七平米の4ベッドルーム、2バスルーム。カル・デ・サックの三階建てであり、しかもハイ・シーリング（天井高）のため、大型物件と言える。

カラー写真で見るとよくわかるが、NZの家は家具の色や内装の雰囲気が個性的なものが多い。良くも悪くも趣味が出るのだ。NZでは、家の売り手は市場に出す前に手直しが必要な箇所を修繕しておく場合が多い。当然、その方が売れやすくなる。この物件も例に漏れず、ペンキや絨毯を入れ替えたばかりであり、もとの大家さんと色などの趣味が合えば、特に手直しすることなく引越しできる。

ちなみにこの物件も、私の知り合いが二〇〇三年にNZに移住した際には、およそ三分の一以下の価格（約二五〇〇万円）で買えたという。

⑦

ファミリー向け
大型物件

（提供：ベイリーズ）

⑧ Listing ID:1410005
5 Tollana Road,Te Atatu Peninshula,Auckland
Asking Price:1,200,000 ZNドル
Rating valuation: 土地 450,000 ZNドル／建物 255,000 ZNドル

オークランド市の西部、「テ・アタトゥ」というペニンシュラ（半島）に面した街にある物件だ。海の向こう側にオークランド中心街が見渡せる遊歩道の後方に建つ。この辺りは、オークランド中心街からのアクセスという点では良いとは言えず、一〇年ほど前まではさほど多くの住宅は存在していなかった。

オークランドの中心街から見て北部の高級エリアであるノースショア、南部の工場が多いサウスオークランドに対し、中間的なエリアと言える西部のここウェストオークランドは、この一〇年ほどでもっとも多くの住宅開発が行なわれたエリアで、現在もまだ土地の余剰があることから大型のショッピングモールや住宅街が建設されている。

⑧

眺望はバツグン

（提供：ベイリーズ）

本物件は、夜景などの眺望は抜群に良い。高速道路もすぐ近くにある。築一〇年、二階建ての4ベッドルーム、3バスルーム。二台分のインターナル・アクセス・ガレージ（屋内車庫）付き。フリー・ホールド。土地四六八平米、建物二〇六平米、木造、しっくい造りの家。

高級物件（日本円で一億円〜）

⑨ Listing ID:**2150581**
304B Sea View Road,Ostend Peninshula,Auckland
Asking Price:**1,200,000 NZドル**
Rating valuation: **土地 450,000 NZドル／建物 255,000 NZドル**

ここからは日本円で億を超える「高級物件」を紹介していく。トップバッターは、有名なワイナリーがあることで知られる「ワイヘキ」という離島にあ

⑨

空いている部屋
を有効利用

（提供：ベイリーズ）

る物件だ。島の広さは九二ヘクタールで人口は一万人。NZでは有数のビーチ・リゾートだ。

離島と言ってもオークランドからは通勤圏内にある。移動手段はフェリーで、オークランド中心部からの所要時間は三〇分と意外に近い。日本人からするとフェリーでの通勤と聞いてもピンと来ないが、リゾート地からフェリーで出勤することは多くのNZ人の憧れである。ただし、この島は物流の関係上、ありとあらゆるものが高い。家の資材に始まり食材、ガソリンなどのすべてが高いのだ。それでも、人気がある。

物件の土地は一七三一平米、建物は二四〇平米。築一〇年の羽目板造り。4ベッドルーム、3バスルーム。土地が広く、ボートなどを置くにも適している。NZ人はとにかくボートやヨットなどのマリンスポーツが好きだ。ボートは車と同程度の値段（二〇〇万円くらい）で購入できる。

また、この物件は造りがユニークなこともあり、〝ホーム・アンド・インカム〟という制度を利用するのも一案だ。ホーム・アンド・インカムとは、空いている部屋を賃貸（もしくは宿）に回すことを指す。もちろん、その分の収入が入る（購入に銀行ローンを利用した場合、通常は元利金等払いとなるが、その分を賃料で賄う人も多い）。ここは観光地なので、長期滞在者や週末はリゾートで遊び平日はオークランドで仕事をしたい、という若者などからのニーズがある。ちなみにホーム・アンド・インカムは、リゾート地でなくとも空き部屋があれば誰でも利用することが可能だ。

⑩ Listing ID:1470149
34 Roslin terrace,Devonport,Auckland
Asking Price:1,590,000 NZドル

イギリスを旧宗主国に持つNZには、英国風の木造の古き良きヴィラ風の家がたくさん存在するのだが、本物件はその一つだ。場所は、オークランドのノースショア地域にあるデボンポートという街。デボンポートは一〇〇年の歴史を持つ古い街であり、オークランドからのアクセスが良い（フェリーで二〇分、車で渋滞時で一時間）ということもあり、とても人気がある。富裕層が多く住むデボンポートにはこのような家が多く、絶対的な人気を誇ることから基本的に土地が高い。

建物に関しては、写真をぱっと見ただけでは豪邸という感じを受けないかもしれない。大型の物件でもない。3ベッドルーム、1バスルームで、土地の広さは三七一平米、建物は二六〇平米である。今まで見てきた物件と比較しても決して大きいとは言えない。しかし、イギリスの古き良き趣があるためとても人気があり、値段も高いのだ（いわばアンティークに対するプレミアである）。外壁のペイントや内装の入れ替えは幾度となく行なわれているが、オリジナルの建物は一九一〇年代に建てられた。品質の良い木材がふんだんに使われており、暖炉なども見事だ。

ちなみに、NZでは暖炉の人気が高い。その理由は、寒さ対策というよりは見栄えだ。ガスを使用した暖炉が一般的だが、ガスの暖炉では暖房の効果はほ

⑩

所得税節税にも
役立つ

（提供：ベイリーズ）

とんどない。やはり、暖房効果を求めるなら薪の暖炉が良い。しかし、薪の暖炉はメンテナンスが大変である。薪の暖炉を使用すると、年に一回は〝チムニー〟という煙突の掃除屋さんに来てもらわなくてはならない。これが結構、費用がかさむ。そのため、多くの人たちは見てくれのみを重視してメンテナンスの負担が少ないガスタイプの暖炉を好む。

話を戻すが、この物件、まさにアンティークの世界である。また、築一〇〇年を超えているので、前述したように減価償却を活用して所得税を節税することが可能だ。

余談だが、NZではこのようなリノベーションが必要な物件を購入し、手を加え、高値で売ることを生業にしている人が結構いる。〝デベロッパー〟と呼ばれる人たちだ。彼らは、なるべく安い価格で手直しが必要な物件を調達し、リノベーションしてから数年後に数千万円を上乗せして販売する。デボンポートというエリア、そして本物件はそういったデベロッパーにも人気が高い。

⑪ Listing ID:**41310065**
81 Cob Cottage,Marlborough
Asking Price:**1,600,000 NZドル**
Rating valuation: **土地 365,000 NZドル／建物 950,000 NZドル**

続いての高級物件は南島北東部に位置する世界的にも有数のワイナリー、マールボロという地域にある大型物件だ。土地の広さは驚きの四万二六八〇平米で、建物は三五八平米とこちらも大型だ。前述したように、五万平米（五ヘクタール）超の物件は非居住者が購入する場合は事前許可が必要であるが、これはぎりぎり規制内である。６ベッドルーム、７バスルーム。ゲストの宿泊やホーム・アンド・インカムにも適している。

しかも、各部屋はオンスイートだ。オンスイートとは、すべての部屋に風呂とトイレが付いていることを指す。ＮＺの人たちはトイレやバスルームの共有を嫌うので、こうした物件はゲストにもおおいに喜ばれる。

⑪

すべての部屋に
風呂とトイレ付き

（提供：ベイリーズ）

築一〇年で状態がよく、何より三六〇度の眺望が素晴らしい。また、現在は二部屋を賃貸に出しており、週に三〇〇NZドル（二万四〇〇〇円）を受け取れる。ちなみに、NZでは基本的に家賃の支払いは週ごとだ。

⑫ Listing ID:**4501312**
9 Bretby Court,Jack's Point,Queenstown
Asking Price:**1,850,000 NZドル**
Rating valuation: **土地 200,000 NZドル／建物 1,430,000 NZドル**

お次は、NZでもトップクラスの観光地、クイーンズタウンにある物件だ。私はNZに行く時は、必ずクイーンズタウンを訪れる。ここは、あまりに自然が美しいため、「クイーン（ヴィクトリア女王）が住むに相応しい街」と名づけられたほどだ。

本物件は築二年（建てられてすぐに売却されていることから、デベロッパーが当初から売却を意識して購入し、改造した家である可能性が高い）の５ベッドルーム、３バスルーム。土地九八八平米、建物三七二平米。

デベロッパー案件だけあって、内装が極めてゴージャスだ。スキーリゾートとして名高いリマーカブルという山や、眺望の素晴らしいジャックス・ポイントというゴルフコースへのアクセスも良い。高級物件の中でも本物件は周囲の絶景ともマッチした、まさにNZらしい豪邸と言える。

なお、なぜデベロッパーがこうした物件の建設そして販売にて生計を立てられるかと言うと、多くの手間と時間がかかるからである。本物件のようにデベロッパーが手がけた物件を購入するとなると、土地と上物の建設費用以外にデベロッパーの利益がかなり上乗せされていると見るべきであり、その点では割高買いとなる。しかしながら、自身で更地を購入し、設計業者や建築業者に依頼をして建物の建設を試みようとすると、役所からの許可が下りない、電気や水道関係の業者のアポがとれないなどなど、事がスムーズに運ばないのが通例である。

⑫

デベロッパー案件は手間少なく便利

（提供：ベイリーズ）

これは、ＮＺ人は基本的には残業はせず、仕事が必ずしも迅速ではなく、あらかじめ約束したアポイントにも遅れたり、すっぽかしたりといったことも多々発生するからである。悪気はないのであろうが、のんびりした国民性であることから、家を建てる側の立場からすると非常にストレスが溜まることとなる。そういった手間を省く意味で、できあがりの物件に人気があるのである。

超高級物件（日本円で二億円〜）

最後に超高級物件を見てみよう。額にして三〇〇万ＮＺドル（二億円）超えだ。ＮＺ人の平均年収は五万一〇〇〇ＮＺドルなので、年収の五五倍以上の値段だ。

⑬ Listing ID:3300557
11 Dillion Street,Lowry Bay,Wellington
Asking Price:**3,250,000 NZドル**
Rating valuation: **土地 1,090,000 NZドル／建物 590,000 NZドル**

本物件はＮＺの首都、北島の南端にあるウェリントンに位置する。中心部から車で三五分くらいの場所だ。二億円超えの物件にも関わらず、この物件は築一〇〇年。当時のヨーロッパ風の建物の良さを残した上で、リノベーションが施されたレベルの高いアンティーク物件だ。５ベッドルーム、４バスルーム。土地二五八七平米、建物四五四平米とかなり広い。しっかりとフェンスで囲われているため、プライバシー性も高い。内装もガスタイプの暖炉、フォーマルなダイニングルーム、広い玄関など、ゲストを呼ぶにももってこいの物件である。さらには、母屋とは別にゲストや使用人が滞在できる２ベッドルームの離れがある。まさに、魅せるための物件だ。

⑬

アンティークの
良さを残して
リノベーション

（提供：ベイリーズ）

日本の神社仏閣などもそうであろうが、古い時代の物件で、資材調達の点からも現在では建てることが困難である物件は、再生不能という点での価値があるため、減価しない。そこで、生活の利便性の点で現代のシステムキッチンなどを設置するなどのレベルアップは施すが、外壁やフロアなど、アンティークの良さは残すというやり方でのリノベーションが、本件のような築年の古い物件には肝要と言える。

⑭ Listing ID:**28447007**
353 Minden Road,Te Puna,Tauranga
Asking Price:**3,375,000 NZドル**
Rating valuation: **土地 415,000 NZドル／建物 1,580,000 NZドル**

続いての物件はオークランドから二時間くらいの都市、タウランガにある。その中心部から一〇分の場所だ。土地五一二三平米、建物四七七平米、４ベッ

⑭

展望が良く
建物の位置が絶妙

（提供：ベイリーズ）

ドルーム、４バスルームの大型物件だ。築六年でとてもきれいな状態にある。こうした高額物件は、タイル・バスルームなどの造りも精巧かつ個性的だ。家からは海と山の両方を望め、リビングルームには一八〇度の窓がある。広いデッキからの眺望も最高だ。

本物件などは最たる例であるが、こうした周囲に遮るものがなく、三六〇度の眺望を堪能できる物件の場合、日当たり（南半球であるため、日本とは逆で北向きが日当たり良好となる）も勘案した上での建物の位置は重要である。本物件も他の高級物件と同様、真ん中にプールを設置しているが、周りの風景ともっともマッチしたベストな配置こそが、設計者の腕の見せどころとなる。

⑮ Listing ID: **16704495**
115 Shelly Beach Road, St.Marys Bay, Auckland
Asking Price: **3,400,000 NZドル**
Rating valuation: **土地 1,610,000 NZドル／建物 1,140,000 NZドル**

最後の物件は、一番の都市オークランドの中心街からわずか一〇分ほどに位置する。しかもハーバー・ブリッジより手前（オークランド中心部側）にあるというのが何より良い。ハーバー・ブリッジは、ノースショアなどに行く際に通らなければならない橋で、朝晩は必ず渋滞する。ノースショアはとても良い街だが、やはり毎日の渋滞はつらい。この物件はその点もクリアしている。まさに抜群の立地と言ってよい。オークランド中心街に頻繁に出向く必要がある人向けだ。南半球では最大のヨット・ハーバーも近くにある。

築年は七〇年で、大規模なリノベーションが施されている。3ベッドルーム、3バスルーム、土地五一二平米、建物三〇五平米。一つ一つの部屋はさほど広くないが、立地の良さを考慮すれば、それも致し方ないと言える。

さて、本物件を含め、各物件紹介の冒頭にそれぞれ「Rating valuation」（固定資産税評価額）およびその上に「Asking price」（売り手の希望売却価格であるが、実際には買い手候補との間で売買契約書による交渉により、下げること

⑮

渋滞に巻き込まれない立地が素晴らしい

（提供：ベイリーズ）

用語集

VALUATION REPORT
（ヴァリュエーション・レポート）

査定証明。物件の価格が相場の実勢とあまりにかけはなれていないかを確認する際に用いる。これも買い手候補者が関心のある物件にオファーをする際、適正であろう現在の価格を知るためにプロに査定をしてもらうもの。有料（物件の大きさにも依るが、料金は500〜1,300NZドルほど）で専門業者に作成してもらう。

SOLICITOR
（ソリシター）

事務弁護士。ＮＺでは買い手と売り手の双方が事務弁護士を雇う義務がある。

SOLE AGENCY
（ソール・エージェンシー）

売主と専属の売買契約を結んだエージェント。日本でいう専属選任契約にあたるがNZでは個人の不動産仲介人と契約する。

FREEHOLD
（フリー・ホールド）

自由保有不動産（土地と建物の所有権が移転する物件）。

NZ不動産

LIM REPORT（リム・レポート）

土地と建物に関しての一番当初の竣工時からの履歴が記載されている書類。土地の地質や建物の形状が記載されており、不動産を購入する際には違反などがないかを確認するのに用いる。プールの設置、暖炉の設置、部屋の増設など、物件への工事を行なう際には常に事前に市役所の許可が必要となってくる。これを失念して工事を施し、規定に抵触しているとなった場合、その時の物件所有者が改修、修繕の責を負うこととなるため、物件購入前の事前チェックは必須。なお、本レポートを読み解くのはやや大変であるため、弁護士に依頼をするのが通常。市役所で入手可能。

BUILDER'S　REPORT（ビルダーズ・レポート）

建物に不具合がないか、雨漏れがないかなど、建築の専門業者が様々な角度から現状の建物の状態をチェックするレポート。有料（物件の大きさにも依るが、料金は600～1,500NZドルほど）で専門業者に作成してもらう。買い手候補者が関心のある物件にオファーをする際に、見た目では判定できない部分をプロにチェックしてもらうもの。

OIA（オーバーシーズ・インベストメント・アクト）

海外投資規約。非居住者が以下に当てはまる物件を購入する際には海外投資委員会の審査が必要になる。

海辺や湖畔の土地や物件。5ヘクタール以上の土地や物件。

10,000,000ＮＺドル以上の土地や物件。

が多い）を記載させていただいたが、本物件のようなオークランド中心街の物件は地価が高いことがわかるかと思う。また「Asking price」は「Rating valuation」の一・二〜一・五倍が適正範囲と言えるが、マーケットにより倍〜三倍になることもある。不動産の売買方法としてオークションが多く採用されるが、これはまさに競りであるため、相場の価格より大幅に吊り上がった値で落札されることも多々ある。昨今は、投資目的での不動産購入に対して銀行がローンを出さない傾向であるため、ひと頃よりオークションの参加者が少なくなっている。

第四章　夢のロングステイ先

——三ヵ月までノービザで滞在可能

ニュージーランドほど素晴らしい国はない

シニア層を中心に、海外のロングステイに憧れる人が増えている。

一般財団法人ロングステイ財団がまとめた「ロングステイ調査統計２０１５」によると、二〇一四年の海外ロングステイの推計人口は一五六万九〇〇〇人で、二〇〇九年以降、右肩上がりで推移している。

最近では、移住先やロングステイ先としてマレーシアの人気が高い。ロングステイ財団が発表した「ロングステイ希望国・地域２０１６」によると、マレーシアは二〇〇六年以降、一一年連続で第一位にランクされている。ちなみにニュージーランド（以下ＮＺ）もロングステイ先として安定した人気をキープしているが、一一年連続一位のマレーシアには敵わない。それでも私は、移住先・ロングステイ先として断然、ＮＺをお勧めする。

物価が安く、治安も比較的良く、年間を通して気候が温暖で過ごしやすい、などの理由からマレーシアが人気のようだが、渡航や滞在をサポートするロングステイ関連業者などによる偏った情報による影響は考慮した方が良い。よく「マレーシアの物価は日本の三分の一」などと宣伝されるが、それは過去の話だ。IMFのデータベースによれば、マレーシアはここ一〇年で平均すると年率二・五％くらいずつ物価が上昇している。比較的物価は安定していると言えるが、約二〇年にわたり物価がほとんど上がっていない日本と比べれば、マレーシアの物価はかなり上がっていると言える。

もちろん、為替レートの変動も影響するわけだが、この一〇年ほどは一マレーシアリンギット＝二五円〜三五円くらいの範囲で上下を繰り返している。日本円をベースに生活する日本人の移住者からすると、為替レートが二五円に近づくと生活が楽になり、三五円に近づくと生活が苦しくなる。つまり、上下変動はそれなりに大きいものの、為替レートは三〇円を中心にほぼ横ばいで推移しているわけで、マレーシアに移住して五年、一〇年と経つ日本人はそれなりに物価上昇を体感しているということだ。

治安についても、アジア諸国の中では比較的良いものの、日本と比べると決して良くはないようだ。強盗やひったくりは日常茶飯事で、深夜に一人で外出するのは女性はもちろん、男性も危険だという。

もちろんNZも物価は上昇しているし、治安についても空き巣や置き引きなどの軽犯罪は多く、多くの日本人がイメージするほど良いとは言えない。ただ、当然のことながら、そのような犯罪に手を染めるのはごく一部の人間であるし、NZに暮らす国民の多くはとても人柄が良いのだ。私がNZを評価する一番の理由は、この点にある。

人種差別も非常に少ない。NZは移民国として知られており、二〇一三年の国勢調査によると人口の七四％がヨーロッパ系、一五％がマオリ系、一二％がアジア系、七％がパシフィック系などというように、様々な民族により構成されている。そして二〇〇六年以降、すべての民族で人口が増加している。

NZは、年間五万人の移民を受け入れている。日本人だけでも毎年一〇〇〇人以上が新たにNZの永住権を取得しており、すでに一万三〇〇〇人の日本人がNZで生活している。様々な国や地域からの移民が多いにも関わらず、深刻な対立を伴わずに共存できているのは、NZの人々の多くが人種差別をせず、自分と他人との違いを受け入れようと努めているからかもしれない。

NZに限らず、差別的、排他的な考えを持つ人は世界中にいるからNZも人種差別はゼロではないが、NZで暮らす人々は概してとても友好的で親切だ。道を歩いていて人と会うと、知らない人同士でも「おはよう」「元気?」などと笑顔で挨拶をする。

NZに住む日本人の知人Aさんも、NZに来て間もなかった頃、地元の人が道案内してくれたり、電車やバスの乗り方を親切に教えてくれたという。道に迷い困っていると、通りかかった人が英語が十分に話せないAさんのために、目的地までの地図を丁寧に描いてくれたこともあったそうだ。パブに行ってお酒を飲んでいても気さくに声をかけられ、そのまま一緒にお酒を飲んだことも何度もあるという。

そのAさんが、もっとも印象に残っているエピソードとして聞かせてくれたのが、親切なバスの運転手の話だ。用事があって目的地までバスで向かったものの、どうも見慣れない景色が続く。不安になりながらも、見知らぬ場所で降りるわけにもいかず、そのままバスに乗り続けていると、やがて乗客は全員バスを降りてしまった。そこは終点であった。乗り過ごしたことに気付いたAさんは、慣れない英語でバスの運転手に事情を伝えた。すると、その運転手は「今日の仕事はこれで終わりだから」と、その知人をバスで三〇分もかけて目的地まで送ってくれたというのだ。このようなことは、日本ではまず考えられないことだろう。

また、別の日本人の知人Mさんからは次のような話を聞いた。NZで生活するMさんは、白人が多く住む地域に移り住んだ時、「(日本人は)出ていけ!」と言われることも覚悟したという。以前、アメリカに留学していた時にひどい人種差別を受けたからだ。しかし、Mさんの心配は杞憂に終わる。NZの人たちは、パーティを開いてMさんをおおいに歓迎してくれたという。

NZに移住、ロングステイをする日本人にNZの魅力を尋ねると、多くの人が「NZに住む人たちの人間性」を挙げる。フレンドリーで開放的な国民性の一方で、シャイで穏やかな性格も併せ持つところなどは日本人と通じる部分がある。そこに多くの日本人が惹かれるのかもしれない。私は年に二回はNZを訪れ、一ヵ月程度滞在しているが、訪れる度にNZ人の人間性の素晴らしさに感動するのだ。

では、「夢のロングステイ先」であるNZの魅力について詳しく見ていこう。

温暖な気候と豊かな自然

第一章でも述べたが、NZは南半球にある島国で、北島と南島という二つの主要な島の他に多くの小さな島々から成る。日本からは、飛行機で赤道を越えて一〇時間半くらいかかる。日本の四分の三ほどの国土面積を有するものの、人口は約四五三万人とかなり少ない。人口密度（一平方キロメートル当たりの人口）は、日本が三三〇人程度なのに対し、NZは一七人程度に過ぎない。

しかし、人口が減少している日本とは対照的に、ＮＺでは毎年人口が増え続けている。移民を積極的に受け入れていることに加え、この三〇年ほどの間、出生率が二前後を保っていることも大きい。

首都はウェリントンだが、中心都市はオークランドである。北島のオークランドと南島のクライストチャーチが、ＮＺの二大都市である。

ＮＺは南半球にあるため、日本とは季節が逆になる。日本の梅雨の時期、六～八月はＮＺでは冬になり、雨が降ることが多い。ただし、日本の梅雨のように一日中降り続けるということはほとんどなく、降り始めたと思ったらすぐに止むため、虹がよく見られる。空気がきれいで、高い建物が少ないこともあり、二重、三重の虹がきれいな半円を描くことも珍しくない。時に海の水面から虹が突き出すように現れることもあり、感動的だ。

一二～二月が夏になる。夏には気温が三〇度を超えることもたまにあるが、雨が少なく湿度が低いため、ムッとするような暑さにはならずカラッとしていて過ごしやすい。

年間の気温差は比較的小さく、多くの地域が海に近いこともあり、全体的に気候は温暖だ。ただし日本と同様、南北に長い国土のため、地域により気候の違いはある。南半球なので基本的には南に行くほど寒く、北に行くほど暖かい。

一方、一日の気温の変化は大きく天気が変わりやすい特徴があり、「一日の中に四季がある」と言われる。朝・夕は冷え込むし、場所によっては夏でも長袖が必要だったり、冬でも昼間はＴシャツで過ごせたりする。朝起きて「今日は良い天気だ」と思って外出すると、突然大雨に降られたりすることも珍しくない。特にハイキングやトレッキングなどのアウトドア・アクティビティを楽しむ時には、天候の急変に備え上着や雨具などの準備が欠かせない。

ＮＺは海や山、湖、滝など美しい自然の宝庫だ。南島には最高峰のマウントクックをはじめ二～三〇〇〇メートル級の山々が連なり、雄大な景観を楽しめる。また島の西岸には氷河湖やフィヨルドが延々と続き、フィヨルドランド国立公園内にあるフィヨルド「ミルフォードサウンド」では、海面から険しくそびえ立つ山々、それらに挟まれた穏やかな入江、山肌を流れ落ちるいくつもの滝など、荘厳で神秘的な絶景を堪能できる。

ＮＺでは、いたるところに「ブッシュ」と呼ばれる森があり、ＮＺ固有の様々な動植物が生息している。ラグビーＮＺ代表の「オールブラックス」のロゴでもおなじみの「シルバーファーン」も多く見ることができる。シルバーファーンはＮＺ固有のシダ植物であり、実はかなり大きい。ＮＺは植物の成長が日本に比べて七倍速いといわれ、巨木が多く見られる。ブッシュの木々の中にヤシの木のように佇む姿は、どこかしら南国ムードを漂わせる。

自然の野山の中を歩く「ブッシュウォーク」は、老若男女を問わずＮＺの人々の間でもっとも人気のあるアクティビティの一つだ。オークランド中心部から車で二〇分も走れば、自然公園やブッシュが溢れている。オークランド中心部にあり市民の憩いの場になっている「ドメインパーク」にも、ブッシュがあり連日多くの人々で賑わう。前述したように、ＮＺは映画『ロード・オブ・ザ・リング』や『ホビット』の撮影も行なわれたが、映画そのものの自然が多く残されているのだ。

多種多様なアクティビティ

美しく豊かな自然に恵まれたＮＺでは、多くの人が様々なアウトドア・アクティビティを楽しむ。人気の高いアクティビティをいくつか紹介しよう。

■トレッキング

ＮＺには森林や緩やかな起伏のある丘陵地帯も多くあるため、多くの人が身近な趣味としてトレッキングを楽しんでいる。国内だけでなく、世界中のトレッカーがやって来る。美しい自然を満喫しながら歩き、夜は山小屋に泊まりながら目的地まで数日かけて進むスタイルも人気だ。

第一章でも述べたように、ＮＺには整備されたトレッキングコースがいくつもあるが、もっとも人気のあるトレッキングコースは「ミルフォードトラック」だ。フィヨルドランド国立公園を歩きミルフォードサウンドへと抜けるコースは、「世界一美しい散歩道」と言われる。

■乗馬

ＮＺは、一九世紀にイギリス移民が入植した際に馬が交通手段、労働手段として用いられたことから、現在も国内にいる馬の頭数は多く、国民にとっても身近な動物である。ＮＺでは街から少し車を走らせれば、羊や馬を飼う牧場が目に入る。誕生日プレゼントに、ペットの馬が贈られることもあるというから驚く。競馬も盛んで、「オークランドカップ」などのＧ１レースでは、セレブさながらに着飾った男女が観戦する姿も見られる。

乗馬を趣味とするＮＺ人も多く、国内各地で乗馬を体験できる。ＮＺの乗馬は柵で囲まれた牧場のコース内を歩くのではなく、白砂のビーチや森林、高原などの自然の中を乗馬でトレッキングする。馬の背に揺られながら美しい自然に触れる体験は、日本ではそうそうできるものではない。

■スキー・スノーボード

六～一〇月頃までは、国内各地でスキーやスノーボードなどのウィンタースポーツを楽しむことができる。美しく雄大な自然の中でスキーやスノーボードを楽しめるＮＺのゲレンデは、国際的にも評価が高い。ゲレンデもそれほど混雑せず、初心者から上級者まで思う存分楽しめる。

北島ではマウントルアペフ、南島ではクイーンズタウンなどで盛んだが、特に南島のクイーンズタウンやワナカ周辺にはＮＺ屈指のスキーエリアが広がる。クイーンズタウンから車で三〇分ほどの場所にある「コロネットピーク」は、ワカティプ湖や雄大な山々の景色を楽しむことができ、初心者から上級者まで人気のスキー場だ。眼下にワナカ湖を望む「トレブルコーン」は中上級者向けのコースが充実していて、最長滑走距離は四キロメートルを誇る。他にも、スノーボーダーにも人気の「カードローナ」、子供向けのプログラムが充実している「リマーカブルズ」など魅力のあるスキー場がいくつもある。

■マリンスポーツ

島国で海に面している地域も多いため、マリンスポーツも盛んだ。NZ最大の都市オークランドは「シティ・オブ・セイルズ」（帆の街）の愛称で呼ばれ、ヨットやボートを楽しむ人が非常に多い。小型船舶の登録数は人口比で世界最大で、オークランドに住む三軒に一軒が小型船舶を保有するというから驚く。

NZでは船舶免許を取得する義務はなく、講習を受講すれば船の操縦ができるため、ヨットやボートが手軽な趣味として広く普及している。休日ともなると、家族連れや気の合う仲間同士、ヨットでクルージングする姿があちらこちらで見られる。自家用ヨットやカヤックで、島めぐりや無人島でのピクニックを楽しむ人も多い。多くの市民が幼少時よりヨットに親しみ、アメリカズカップやオリンピックなどのヨットレースで活躍する一流セーラーも数多く輩出している。

約二〇〇〇艇もの船を泊められる南半球最大のマリーナ「ウエストヘブン・マリーナ」をはじめ、オークランドの港には驚くほど多くのヨットが係留され

自然を生かした様々なマリンスポーツがＮＺでは人気がある

（村田康治氏撮影）

ている。自宅の駐車場のマイカーの横にヨットを置いている人も少なくない。セーリング経験のない観光客でも気軽に参加できる、ヨットクルーズのプランも数多い。

サーフィンも盛んだ。NZの海岸線は複雑に入り組んでいるため、国内各地にサーフィンに適したサーフスポットが点在する。サーフィンの町として知られる北島のラグランをはじめ、プロサーファーも訪れる上級者向けのポイントから初心者でも楽しめるビーチまで、サーフショップやスクールも充実している。ただ、サーファーがサメに襲われる被害は時々起きており、注意したい。

他にも、ウインドサーフィンやカイトサーフィン、ダイビングなど数多くのマリンスポーツが盛んに行なわれている。

■キャンプ

豊かな自然に恵まれたNZでは、休日にお気に入りのビーチや山に出かけてキャンプを楽しむ人も多い。キャンプ場は国内各地にあり、NZの環境保全局が管理するものだけで三〇〇ヵ所近くある。多くはオートキャンプ場で、テントやキャンピングカーで皆、思い思いにキャンプを楽しんでいる。

キャンプ場を拠点に、トレッキング、マウンテンバイク、カヤック、サーフィンなどのアウトドア・アクティビティを楽しむのも人気だ。

ゆったり流れる時間と豊かな生活

ＮＺの時間の流れ方は、日本のそれと比較するとゆったりしていると感じる人が多いようだ。全般に、朝は早く起きる代わりに夜も早く寝る傾向がある。

ＯＥＣＤ（経済協力開発機構）の統計によると、成人の睡眠時間は、日本が平均で七・七時間なのに対し、ＮＺは平均八・八時間と大きな差がある。

プライベートの時間を大切にし、休養もしっかりとる傾向にあり、多くの人は仕事を定時に終え、残った仕事を家に持ち帰ることもあまりない。週に五〇時間以上の「長時間労働」をしている人は、全体のわずか一四％にとどまる。

また、フルタイムで働く成人の寝食を含む仕事以外の自由時間は、一日のうち平均一四・九時間というデータもある。有給休暇の取得もごく当たり前の習慣となっており、休暇の取得中に仕事が多少滞ることに対しても比較的寛容と言われる。仕事の時間とプライベートの時間を切り離し、家族や友人と過ごすことを重視する人がほとんどで、ＮＺに住む大人の時間の流れは非常にゆったりしていると言える。

また、子供を大切にしつつも、大人と子供の生活スタイルは違うのだから大人も生活を楽しむべきだという考え方が広く定着している。幼い子供も日本のように親と添い寝はせず、与えられた個室で一人で寝る。子供をベビーシッターに預け、大人だけでレストランに行ったり、夫婦だけで過ごす時間を大切にしたりと、子供が生まれたあとも自分たち大人の生活を楽しむ家庭が多い。

プライベートの時間が充実している分、仕事などで多少の困難にぶつかったとしても、ストレスを溜め過ぎずに生活できているようだ。また、自分の生き方に自信を持っている人が多く、街中でも自然と笑みがこぼれている人々をよく見かける。実際、ＮＺの人々の人生の満足度は総じて高く、ＯＥＣＤの調査でも平均よりもずっと高い数値が出ている。

ＮＺの人々は貯金をする習慣があまりない。稼いだお金は休暇や趣味、あるいは不動産投資に使い、手元には必要最小限しか残していないという人も珍しくない。将来不安に苛まれ、自分の生き方にもなかなか自信を持てず、所得が減る中でも必死に貯蓄に励み、仕事や家庭、子育て、人間関係にストレスを溜める人が少なくない日本とは対照的だ。

ニュージーランドの治安は？

ＮＺは自然が多く、最大都市オークランドでも車で二〇分も走ればのどかな牧草風景が広がる。また、人々もおおらかで治安が良く、とても安全な国というイメージがあるかもしれない。確かにＮＺでは、日本で多発している通り魔事件などの重犯罪は非常に少なく、よほどのことがない限り殺人事件に巻き込まれるリスクは低い。

しかし、空き巣、置き引き、車上荒らしなどの軽犯罪は日常的に発生している。そのため、短時間の外出であってもしっかりと戸締りをし、レストランやカフェなどでも自分の持ち物から目を離さないなど、普段から防犯意識を持つことが大切だ。

実際、日本とNZの両警察が発表した統計によれば、強盗、強姦・強制わいせつ、窃盗などの犯罪発生件数は日本よりもはるかに多い。オークランドの中心地では、アジア人を狙った暴行・傷害事件が発生している。NZの治安を日本と同レベルと考えるべきではない。男女問わず夜間の一人歩きはせず、昼間でも人通りの少ないエリアは避けるなど十分警戒すべきだ。

では、オークランドの治安についてエリアごとに見ていこう。オークランドは大きく分けてノースショア（北部地域）、オークランド・セントラル（中心街近郊地域）、ワイタケレ（西部地域）、イースト・オークランド（東部地域）、マヌカウ（南部地域）の五つのエリアからなる。そして、エリアにより治安は大きく異なる。

「ＣＢＤ」と呼ばれる中心街よりハーバーブリッジを渡ったノースショアにあるタカプナ、デボンポート、アルバニーなどの地域は、オークランド中心部から三〇分圏内と交通の便が良く、治安も良い。またイースト・オークランドも治安は良い。オラケイ、ミッションベイ、コヒマラマ、セントヘリアスなどの高級住宅地があり、かつて日本人駐在員が住む場所といえばこの地区だった。さらに東に位置するホウィックなどは、中国人富裕層に人気のエリアだ。

逆に、マヌカウハーバー以南のマヌカウには低所得者が多く住み、治安は良くない。特にマンゲレ、オタラ周辺は治安が悪く、犯罪発生率も一気に上がる。一般的に治安が悪い地域には、昼間から人気が少ない、学校にいるべき時間帯にも関わらず子供がうろついている、庭の手入れがされていない、落書きが多いなどの特徴がある。このような地域には、なるべく近づかない方が良い。

万が一、犯罪に巻き込まれた場合は速やかに警察に連絡する。ＮＺでは緊急の電話はすべて「１１１」だ。内容によって、「警察」（Police）、「救急」

（Ambulance）、「消防」（Fire）のいずれかを伝える。

ニュージーランドの医療

ＮＺの医療制度は日本とは大きく異なる。ＮＺはホームドクター制度をとっており、風邪などの日常的な病気や体調不良、軽度の怪我などは最初に各地域の「ＧＰ」（General Practitioner）と呼ばれる一般開業医に診てもらう。ＧＰでは一人の医者が内科、外科、小児科、産婦人科など全般にわたる診察を行なう。基本的にＮＺに居住する人は、自分のＧＰを登録する。つまり、このＧＰが主治医となるわけだ。

診察料は地域によって異なるが、通常五〇ＮＺドル前後、時間外や週末などは一〇ＮＺドル程度の追加料金がかかる。診察後、医者からもらった処方箋を持って近くの薬局（Chemist・Pharmacy）にて薬を購入する。一二歳以下の子供は診察代・薬代が無料だ。

ＧＰの診察を受け、「専門医による診断が必要」と判断された場合は、ＧＰに紹介状を用意してもらい、指定の病院や医者による専門的な診療を受けることになる。紹介状がなければ、専門医による診察を受けることはできない。診察・治療に必要な個人情報は紹介状にて引き継がれる。さらに手術設備や看護体制が整った治療が必要な場合には、総合病院が紹介される。

専門医の診察が受けられる病院には公立と私立があり、緊急時以外は予約が必要になる。市民権保持者、永住権保持者と二年継続のワークビザ保持者は、公立病院での治療費や入院費は無料になるため、常に混雑していて予約がとりにくい。

一方、私立病院の予約は比較的とりやすい。ＮＺには日本のような国民健康保険制度はなく、私立病院での受診は原則として全額自己負担となるため利用者が少ないからだ。そのため、予約のとりやすい私立病院で診察を受けるため、民間の医療保険に加入するＮＺ人も少なくない。このように、ＮＺの医療システムはＧＰによるプライマリケア（一次医療）と、指定病院や専門医によるセカンダリケア（二次医療）の二つに分けられている。

また、ＮＺには国内で起きた事故について、治療費の一部や補償金を国が負担する制度があり、「ＡＣＣ」という政府機関が運用する。居住者、非居住者を問わず、旅行などで滞在中の外国人にも適用される。ただし、ＮＺ国内の事故に限られ、ＮＺ国外旅行中の事故は対象外である。また、これはあくまでも事故に対する補償であり、病気は対象外だ。

ニュージーランドの公共交通機関

国内の主要都市であれば、バスや電車、フェリーなどの公共交通機関が充実している。中でもバスと電車が主要な交通手段である。オークランドでバス・電車・フェリーを利用する際は「ＡＴ　ＨＯＰカード」というプリペイド式カードが便利だ。ちょうど日本のＪＲが発行している「Ｓｕｉｃａ」のようなもので、あらかじめチャージしておけば乗り降りがスムーズだし、現金払いよりも安くなる。

ＡＴ ＨＯＰカードはオークランド限定のサービスだが、同じようなサービスとしてクライストチャーチには「メトロカード」、ウェリントンには「スナッパーカード」というものがある。また、一日乗り放題プランや定期券もある。

通勤・通学に電車を利用する人もいるが、都市部でも電車の利便性は日本ほど良くない。オークランドには中心部に駅があるが、路線は非常に狭い範囲に限られるため、駅が自宅の近くになければ最寄り駅まで車で移動せざるを得ない。ただ、日本と違い自転車を電車内に持ち込むことができるため、自転車で駅まで行き、自転車ごと電車に乗り、到着駅から目的地まで自転車で行くという人もいる。

主要都市ではバスの路線が充実しており、ＮＺでもっとも一般的な公共の移動手段となっている。オークランドでは全域を隈なくバスが走り、中心部を周回するバスからノースショア、南オークランド、西オークランドなど各方面へ路線が伸びている。

フェリーはバス、電車に比べると本数は圧倒的に少ないが、観光気分で移動ができる。オークランドからフェリーで三〇分ほどのワイヘキ島に居を構え、フェリーで通勤する人たちもいる。

タクシーも多いが、日本のように流しのタクシーを止めて利用するのは現実的ではない。タクシーを利用する場合は、電話をかけて呼ぶか、ホテルの前にあるタクシー乗り場で乗車するケースがほとんどだ。

旅行者が観光などで長距離を移動する際には、長距離バスやレンタカー、飛行機などが使われる。北島と南島の主要都市間を飛行機で移動し、あとは長距離バスやレンタカーで移動するというのが一般的だ。長距離バスは国内の主要都市をほとんど網羅している。バスの場合、自分の行きたい場所に直接アクセスできるとは限らないが、料金が手ごろで車窓からNZの風景を楽しめる利点がある。車の運転ができるなら、好みの旅程で自由に旅を楽しめるレンタカーを利用するのも良い。NZは日本と同じ右ハンドル、左側通行だから、日本人も適応しやすい。しかし、交通ルールや交通事情については日本とは異なる部分も少なくないから、十分な注意が必要だ。

ニュージーランドの交通ルール・運転事情

ＮＺにも自動車の速度制限があり、基本的に市街地は時速五〇キロメートル、郊外は一〇〇キロメートルとなっている。ただし、日本と同様、場所により制限速度は異なるため、標識の確認は欠かせない。なお、制限速度は厳守した方が良い。日本では制限速度を一〇キロメートル程度超過して走行しても取り締まられることは少ないが、ＮＺではわずか一キロメートルの速度超過でアウトということも珍しくない。

ＮＺの交差点は日本の一般的な交差点とは大きく異なる。「ラウンドアバウト」方式といって、ちょうど日本の駅前のロータリーに似た交差点が主流だ。時計回りの一方通行になっている。先にラウンドアバウトに入っている車が優先であり、ラウンドアバウト内を走行している車は一時停止の必要はない。ラウンドアバウト内に入る場合は、右側から走行してくる車がないことを確認し進入する。ラウンドアバウトは交通量がそれほど多くない交差点に設置され、信号がないため、交差点での車の流れをスムーズにする効果がある。

信号や標識のない丁字路や十字路で右折車と左折車が出合った場合は、左折車が優先となる。実はＮＺでは以前は右折車が優先であったが、二〇一二年に交通ルールが変わり、左折車優先となった。変更になってそれほど長い時間が経っているわけではなく、右折優先に慣れている人も多いため、注意が必要だ。

踏切の通過にも注意が必要だ。ＮＺには警報機のない踏切が非常に多い。警報機のない踏切では、「Railway Crossing」（踏切）「Give Way」（徐行）「Stop」（止まれ）といった標識に従う。「Stop」（止まれ）の標識がある踏切では一時停止し、「Give Way」（徐行）の標識がある踏切ではいつでも停止できるよう徐行し、列車が来ないことを確認してから渡る。

郊外には一車線規制の橋が多く、片側交互通行になる。一方向の進行車両に優先権があり、それは標識で示される。優先権のある車両が来たら道を譲らなければいけないわけだが、たとえ自分の車に優先権がある場合でも橋を渡ってくる対向車がいないことを確認し、十分注意して通行する。

日本と同様、運転中の携帯電話の使用、飲酒・薬物使用後の運転は禁じられている。特に二〇歳未満のドライバーによる飲酒運転には非常に厳しく、呼気中・血中にわずかでもアルコール濃度が認められれば違反となる。二〇歳以上のドライバーについては飲酒許容量は血中アルコール濃度が〇・五mg／ml、または呼気中アルコール濃度が二五〇mcg／lまでとなっている。

シートベルトについても全席での着用が義務付けられているが、日本と違い面白いのは違反した場合、ドライバーではなくシートベルトの着用を怠った本人に罰金が科せられることだ。

車を運転する上で非常に重要なのが、横断歩道での歩行者の絶対優先だ。これは日本もＮＺも共通のルールだが、ご存知のように日本では横断歩道を渡ろうとする歩行者がいても、多くの車が止まらずに走り去る悪しき慣習が根付いている。たまに止まってくれる車があると、歩行者が恐縮気味に会釈して渡る始末だ。

ＮＺでは横断歩道での歩行者優先が当然のこととして定着している。レンタカーなどを借りてＮＺで運転する際は、この点を頭に叩き込まなければいけない。それを怠れば、悪しき慣習の身に付いた大半の日本人ドライバーは、ほぼ間違いなく人身事故を起こすだろう。歩行者優先が当然だから、歩行者は信号機のない横断歩道をまるで青信号に従うかのように渡る。車が来ていないかどうか、左右の安全を確認しない人も多い。横断歩道を渡ろうとする人がいれば、ＮＺのドライバーは必ず停止すると思った方が良い。たとえ急ブレーキになり、後続車に追突される危険があっても停止する。多くの日本人ドライバーのように、横断歩道を渡る歩行者に道を譲らずに走り去ろうものなら大変なひんしゅくを買うし、最悪の場合は人を轢いてしまう。

ＮＺの高速道路は基本的に無料だが、オークランド近郊には有料の高速道路もある。オークランド市内は整備された道が多いが、郊外には未舗装道路もまだまだ多い。また坂の多い地形で、郊外に出ると山沿いに曲がりくねった道が

土砂降りの中、大渋滞するオークランドのモーターウェイ
（ＮＺでは高速道路のことをモーターウェイという）

丸い形をしたラウンドアバウト
（上；第二海援隊取材班撮影　下：村田康治氏撮影）

多く見られる。アウトドアが好きな人も多く、郊外のタフな道に耐えられるよう４ＷＤの車を持つ人も多い。

当然だが、ＮＺで車を運転する場合も運転免許が必要だ。短期間の旅行なら、日本で発行された国際免許証で十分だが、長期にわたりＮＺで生活するなら、有効期間が一〇年あり身分証明にもなるＮＺの運転免許証を取得した方が良い。日本の運転免許証を持っていれば、筆記試験も実地試験も受けずに書面での手続きのみでＮＺの運転免許証を取得できる。

ＮＺでは自動車を製造していないため、日本と比べると自動車は全般に高価だ。一〇年落ちの日本車の中古でも、五〇〇〇ＮＺドルくらいはする。当然、新車はさらに高額だから中古車を買う人が多く、中でも日本車が圧倒的に多い。

ＮＺにも車検制度がある。「ＷｏＦ」（Warrant of Fitness）と呼ばれ、有効期間は新車は三年、二〇〇〇年一月一日以降に製造された車は一年、二〇〇〇年一月一日以前に製造された車は半年となっている。日本と違い車検証はなく、フロントガラスにステッカーを貼るだけだ。ＷｏＦの期日が近づいてきたら、最寄りのテスティングステーションに車を持っていくだけでよい。不具合がなければ、検査は三〇分ほどで終わる。

また、車検とは別に、「Ｒｅｇｏ」（vehicle Licensing）と呼ばれる自動車登録を行なう必要がある。Ｒｅｇｏの期限が切れる約一ヵ月前に更新用の書類が送られてくるので、日本の自動車税に相当する料金を支払う。料金は車種により異なり、オンラインでの支払いも可能だ。

ニュージーランドの買い物事情

■ショッピング街・ショッピングモール・マーケット

ＮＺには各地域にショッピング街やショッピングモールが点在していて、洋服や雑貨などを買うことができる。

オークランドでは、中心街の比較的近くにショッピング街がある。ＮＺのブランドやオーストラリアのブランドもあるが、海外ブランドを取り扱うセレクトショップも人気がある。また、観光客向けの免税品モールもあり、各国の有名ブランドやNZの特産品などを免税価格で買うことができる。

　中心街から離れた場所にはショッピングモールがある。比較的規模が大きく、中には一〇〇店舗以上が入るモールもある。メンズ、レディース、子供服、下着、雑貨など品揃えが豊富だ。より手頃な価格でショッピングが楽しめるアウトレットモールもある。営業時間は店舗やモールにより異なるが、午前九時から午後六時が多い。ただし、木曜日（店舗によっては金曜日）はレイトナイトショッピングデーとして遅くまで営業することが多い。

　また、地域によっては週末など定期的にマーケットが開催され、地元の人、観光客を問わず人気だ。マーケットにより販売される商品は異なるが、地元の野菜、果物、花、手作りの雑貨など様々なものがある。多くのマーケットは週末の朝から昼まで開催されるが、午後五時頃から夜遅くまで営業するナイトマーケットもある。

■スーパーマーケット・コンビニエンスストア

日本と同様、ＮＺのスーパーマーケットでも大抵の食品や雑貨品が手に入る。朝から夜遅くまで営業し、祝日のみ休業となる店舗が多い。売られている生鮮食品はＮＺ産の鮮度の高いものが多く、ニュージーランドの食糧自給率の高さが窺える。

中でもワイン、乳製品の種類は日本とは比べものにならないほど多い。ほとんどの店舗内に肉屋、魚屋、ベーカリーが入っている。ベーカリーでは、その場で焼いた焼き立てを購入することができる。あまり種類は多くないが、デリカテッセンコーナーではローストチキンやサラダなどの惣菜も販売されている。

ＮＺでは給料は基本的に週払いまたは隔週払いで、木曜日が給料日という企業が多い。ＮＺでは給料が出た木曜日にまとめて買い出しに行く人が多いためか、スーパーマーケットも木曜日は比較的混雑する。また、日本と比べるとショッピングカートが大きく、たくさんの商品を運ぶことができる。

日本人なら、海外でもたまには和食を食べたくなるだろう。オークランドには日本食材店も多い。また、市内の主要スーパーでも日本食材コーナーが設けられているところが多く、日本食材の入手には困らない。ただし、価格は日本で買うよりもかなり高い。二倍以上は当たり前だし、商品によっては三倍以上するものもある。

オークランドのノースショアやシティなどアジア人が多く住む地域には、「アジアン・スーパーマーケット」もある。NZの新鮮な食材に加え、一般のスーパーマーケットには置いていないような、中国・韓国・日本などのアジアの食材が比較的手頃な価格で手に入る。

「デイリー」と呼ばれる個人経営の小さな商店も多い。インド人が経営する店が多く、野菜や飲料品、パン、菓子などの食糧、日用品が販売されている。小さな町にもデイリーはあることが多い。価格は、スーパーマーケットに比べると割高だ。

コンビニエンスストアもある。しかし日本と異なり、すべての店が二四時間営業しているわけではない。ガソリンスタンドと隣接している店舗も多い。惣菜や弁当などは扱わず、主な商品は飲料品や菓子、雑貨などで価格はスーパーマーケットに比べるとかなり高い。

ニュージーランドの外食事情

NZと言えばラム料理が有名だが、西洋料理はもちろん、移民たちによるエスニック系やアジア系の本格的な料理を手軽に楽しむことができる。

様々な料理があるが、多いのは洋風レストランだ。生牡蠣やステーキ、グリルした魚などのメニューがあり、メインメニューにフライドポテトやサラダなどが付く店もある。地形を生かした立地のレストランも多く、海岸沿いや高台に建つレストランでは、屋外のテラス席で美しい景観を眺めながら食事を楽しむことができる。屋外ストーブが設置されていることが多く、冬の寒い時期でもテラス席を利用できる。

オークランドなどの大都市には多くの国からの移民が集中しているため、イタリアン、フレンチ、タイ、和食、インド、マレーシア、ベトナム、中華、韓国、メキシコ料理など、多種多様な料理を味わうことができる。特に和食はヘルシーというイメージが強く、ＮＺ人にも大変人気がある。ただし、日本国内のレストランと比べると、価格は全般的に高めだ。日本食レストランであっても、日本人シェフが居る店は極めて少なく、むしろ中国人や韓国人シェフによる店の方が多い。

大型ショッピングセンター、都市の中心街にはたいていフードコートがある。レストランに比べると安く食事ができる。マクドナルドやケンタッキーなどのファストフードをはじめ、中華、和食、イタリアン、韓国、タイ、インド、マレーシアなどの料理を提供する小さな店舗が集まっている。テイクアウトすることもできる。

テイクアウェイショップ（持ち帰り専門店）も多い。定番はフィッシュアンドチップスで、安価で注文するとすぐにできる手軽さもあり、大変人気がある。魚のフライだけでなく、イカや牡蠣、ムール貝などのフライもあり、注文するとその場で揚げてくれるので、できたて熱々のものを食べることができる。他には、中華のテイクアウェイショップも人気だ。

オークランドでは毎週、夕方五時半頃から深夜までナイトマーケットが開催される。ナイトマーケットはいくつかあり、それぞれ開催曜日が決まっている。アジアをはじめ、ヨーロッパ、中東など世界各国の食べ物の屋台が軒を連ね、手頃な価格で食事を楽しめる。たこ焼き、ラーメン、串揚げなど日本食の屋台も人気だ。音楽ライブや大道芸人によるパフォーマンスなどもあり、国籍、年齢を問わず多くの人たちで賑わう。

ニュージーランドでの宿泊

ＮＺには様々な宿泊施設がある。一週間程度の滞在であればホテルを利用する人が多いだろう。ＮＺにも、格安のビジネスホテルやユースホステルから超高級ホテルまで多くのホテルがある。ホテル以外だと、車で移動する人向けのモーテルや日本の民宿に当たるB&B（ベッド&ブレックファスト）などは比較的安く宿泊できる。B&BならNZの一般家庭の雰囲気を味わえるし、オーナーとコミュニケーションをとることもできる。本格的なロングステイの前に現地の情報を得るには良い選択だろう。B&Bの中には日本人オーナーが経営するところもある。

滞在期間が一週間以上になるなら、家具やキッチンを備えたコンドミニアムやサービス・アパートメントを利用するのもよい。宿泊料金は一般にホテルより安くすむし、自炊もできる。滞在期間が一ヵ月を超えるなら、家具付きのアパートを借りることもできる。ここまで長期の滞在となると、いよいよ本格的なロングステイへの第一歩という感じになる。「旅行」よりも「生活」という色が濃くなるだろう。

賃貸契約には、あらかじめ賃借の期間と家賃を定める「Fixed Term」と、賃借期間を定めず月ごとの相場変動に伴い家賃も改定される「Periodic」の二種類がある。アパートを借りる場合は、家賃の二週間または一ヵ月分程度の敷金を支払う必要がある。ただＮＺの場合、敷金は家主や不動産業者が預かるのではなく、「テナンシー・サービス」という公的機関が預かる。敷金は退去の際に、賃借人が負担すべき修繕費用を差し引いて返金される。礼金は家賃の一、二週間分が相場で、賃借人から不動産業者に支払う。礼金が不要の場合もある。電気代や水道代についても家賃に含まれる場合と、含まれない場合がある。

家賃の相場は、オークランドの中心街に多く存在する２ＬＤＫ（四〇平方メートル）程度の家具付きのアパートで月一五〇〇ＮＺドルくらいである。一戸建て住宅だと、オークランド中心街から車で三〇分ほどの立地で、３ＬＤＫ（七〇平方メートル）で家具なしの物件だと月二〇〇〇ＮＺドルくらいである。

三ヵ月以内の滞在ならビザは不要

ＮＺにロングステイする際、必要になるのがビザだ。ただし、ＮＺ滞在が三ヵ月以内であれば日本人はビザは不要で、パスポートのみでの渡航が可能だ。

ビザを取得しない場合、主な目的は観光や現地在住の親族訪問に限られ、就労はできないが、三ヵ月間までなら就学は可能だ。

ノービザでも三ヵ月間のロングステイは可能だが、もう少し長く滞在したいという人もいるだろう。その場合には「訪問ビザ」を取得するとよい。渡航の目的が観光や現地在住の親族訪問に限られ、就労ができない点は共通だが、最長で九ヵ月間の滞在が認められる。日本で訪問ビザを申請してから渡航し、九ヵ月間滞在することもできるし、とりあえずノービザで渡航し、NZで滞在延長を申請することもできる。最初の三ヵ月間を含み、最長で九ヵ月間の滞在が可能だ。つまり、最長六ヵ月間の滞在延長が可能ということになる。

延長可否の決定はNZ移民局の判断によるため、申請は必ず許可されるとは限らないが、比較的手軽なビザで一年の半分以上をNZで暮らすことは、決して不可能ではないのだ。

〈以下、下巻に続く〉

浅井隆からの重要なお知らせ
――国家破産を生き残るための具体的ノウハウ

「ニュージーランド　留学・移住情報センター」（日本側）窓口開設

本書をお読みいただいた皆さんには、ＮＺがいかに安心・安全で自然豊かな良い国かお分かりいただけたと思います。私は世界中を駆け巡り取材を敢行してきましたが、これほどの魅力を兼ね備えた国はないと断言できます。そして、私たち日本人こそが来るべき国家破産への備えも見据えてＮＺを最大活用すべきと考えています。国家破産で日本国内の経済が大混乱になった際、海外に避難先を確保しておくのは極めて大きな安心となるでしょう。

そこでこのたび、ＮＺへの留学・ロングスティ・一時訪問・永住その他に関する日本での問い合わせ窓口を開設致しました。二〇年来の私のＮＺでの人脈を活かし、現地での信頼の置ける専門スタッフをご紹介致します。ご興味のある方は、ぜひお問い合わせ下さい。

ＴＥＬ：〇三（三二九二）六一〇六　担当：加納

『浅井隆と行くニュージーランド視察ツアー』

南半球の小国でありながら独自の国家戦略を掲げる国、ＮＺ。浅井隆が二〇年前から注目してきたこの国が今、「世界でもっとも安全な国」として世界中から脚光を浴びています。核や自然災害の驚異、資本主義の崩壊に備え、世界中の大富豪がＮＺに広大な土地を購入し、サバイバル施設を建設しています。さらに、財産の保全先（相続税、贈与税、キャピタルゲイン課税がありません）、移住先としてもこれ以上の国はないかもしれません。

そのＮＺを浅井隆と共に訪問する、「浅井隆と行くニュージーランド視察ツアー」を二〇一七年一一月に開催致します（その後も毎年一一月の開催を予定しております）。現地では浅井の経済最新情報レクチャーもございます。内容の充実した素晴らしいツアーです。ぜひ、ご参加下さい。

ＴＥＬ：〇三（三二九一）六一〇六　担当：大津

ジム・ロジャーズ氏独占取材特別レポート発売

今年二月、今、世界と日本が直面しているさまざまな問題について、そして今後の世界市場のゆくえについて、今なお世界中の投資家並びに経済人からその言動が注目されている世界有数の投資家ジム・ロジャーズ氏に、浅井隆が独占単独インタビューに成功しました。その全内容を収録した、「他では決して読むことができない『ジム・ロジャーズ氏特別インタビューレポート』」を販売致します。浅井隆自らが神経を削って一ヵ月考え抜いたオリジナルの質問内容に、ジム・ロジャーズ氏が誠実に詳しく答えてくれています。

このインタビューレポートを読むことで、今後の世界がどうなって行くか、そしていかに日本円のみで資産を持っていることにリスクがあるかがよくわかります。今後のあなたの資産保全のお役に立つこと間違いありません。ぜひ、ご一読下さい。読者の方に限り特別価格にて販売致します。

詳しいお問い合わせ先は「㈱第二海援隊」出版部

TEL:〇三(三二九一)一八二一

FAX:〇三(三二九一)一八二〇

厳しい時代を賢く生き残るために必要な情報収集手段

日本国政府の借金は先進国中最悪で、GDP比二五〇%に達し、太平洋戦争終戦時を超えて、いつ破産してもおかしくない状況です。国家破産へのタイムリミットが刻一刻と迫りつつある中、ご自身のまたご家族の老後を守るためには二つの情報収集が欠かせません。

一つは「国内外の経済情勢」に関する情報収集、もう一つは「海外ファンド」に関する情報収集です。これについては新聞やテレビなどのメディアやインターネットでの情報収集だけでは絶対に不十分です。私はかつて新聞社に勤務し、以前はテレビに出演をしたこともありますが、その経験から言えることは「新聞は参考情報。テレビはあくまでショー（エンターテインメント）」だということです。インターネットも含め誰もが簡単に入手できる情報で、これからの激動の時代を生き残っていくことはできません。

皆様にとってもっとも大切なこの二つの情報収集には、第二海援隊グループ（代表　浅井隆）で提供する「会員制の特殊な情報と具体的なノウハウ」をぜひご活用下さい。

〝国家破産対策〟の入口「経済トレンドレポート」

最初にお勧めしたいのが、浅井隆が取材した特殊な情報をいち早くお届けする「経済トレンドレポート」です。浅井および浅井の人脈による特別経済レポートを年三三回（一〇日に一回）格安料金でお届けします。経済に関する情報提供を目的とした読みやすいレポートです。新聞やインターネットではなかなか入手できない経済のトレンドに関する様々な情報をあなたのお手元へ。さらに国家破産に関する『特別緊急情報』も流しております。「国家破産対策をしなければならないことは理解したが、何から手を付ければよいかわからない」という方は、まずこのレポートをご購読下さい。レポート会員になられますと、様々な割引・特典を受けられます。

詳しいお問い合わせ先は、㈱第二海援隊

TEL：〇三（三二九一）六一〇六
FAX：〇三（三二九一）六九〇〇

具体的に〝国家破産対策〟をお考えの方に

そして何よりもここでお勧めしたいのが、第二海援隊グループ傘下で独立系の投資助言・代理業を行なっている「株式会社日本インベストメント・リサーチ」（関東財務局長（金商）第九二六号）です。この会社で三つの魅力的な会員制クラブを運営しております。私どもは、かねてから日本の国家破産対策のもっとも有効な対策として海外のヘッジファンドに目を向けてきました。そして、この二〇年にわたり世界中を飛び回りすでにファンドなどの調査に莫大なコストをかけて、しっかり精査を重ね魅力的な投資・運用情報だけを会員の皆様限定でお伝えしています。これは、一個人が同じことをしようと思っても無理な話です。また、そこまで行なっている投資助言会社も他にはないでしょう。

投資助言会社も、当然玉石混淆であり、特に近年は少なからぬ悪質な会社に対して、当局の検査の結果、業務停止などの厳しい処分が下されています。しかし「日本インベストメント・リサーチ」は、すでに二度当局による定期検査を受けていますが、行政処分どころか大きな問題点はまったく指摘されませんでした。これも誠実な努力に加え、厳しい法令順守姿勢を貫いていることの結果であると自負しております。

私どもがそこまで行なうのには理由があります。私は日本の「国家破産」を憂い、会員の皆様にその生き残り策を伝授したいと願っているからです。その生き残り策がきちんとしたものでなければ、会員様が路頭に迷うことになります。ですから、投資案件などを調査する時に一切妥協はしません。その結果、私どもの「ロイヤル資産クラブ」には多数の会員様が入会して下さり、「自分年金クラブ」と合わせると数千名の顧客数を誇り、今では会員数がアジア最大と言われています。

このような会員制組織ですから、それなりに対価をいただきます。ただそれで、私どもが一〇数年間、莫大なコストと時間をかけて培ってきたノウハウを得られるのですから、その費用は決して高くないという自負を持っております。まだクラブにご入会いただいていない皆様には、ぜひご入会いただき、本当に価値のある情報を入手して国家破産時代を生き残っていただきたいと思います。そして、この不透明な現在の市場環境の中でも皆様の資産をきちんと殖やしていただきたいと考えております。

一〇〇〇万円以上を海外投資へ振り向ける資産家の方向け「ロイヤル資産クラブ」

「ロイヤル資産クラブ」のメインのサービスは、数々の世界トップレベルのファンドの情報提供です。特に海外では、日本の常識では考えられないほど魅力的な投資案件があります。

ジョージ・ソロスやカイル・バスといった著名な投資家が行なう運用戦略としておなじみの「グローバル・マクロ」戦略のファンドも情報提供しています。

この戦略のファンドの中には、株式よりも安定した動きをしながら、目標年率リターンが一〇％〜一五％程度のものもあります。また、二〇〇九年八月〜二〇一七年五月の約八年で一度もマイナスになったことがなく、ほぼ一直線で年率リターン七・五％（米ドル建て）と安定的に推移している特殊なファンドや目標年率リターン二五％というハイリターン狙いのファンドもあります。もちろん他にもファンドの情報提供を行なっておりますが、情報提供を行なうファンドは全て現地に調査チームを送って徹底的に調査を行なっております。

また、ファンドの情報提供以外のサービスとしては、海外口座の情報提供と国家破産対策についての具体的な資産分散の助言を行なっております。

海外口座は、総合的に見て日本人が使い勝手がよく、カントリーリスクの心配もほとんどない、財務体質がしっかりしている銀行の情報を提供しています。銀行の所在地はシンガポール、NZ、そしてハワイ（米国）の三ヵ所です。邦銀では外国人観光客の口座開設が不可能なように、外国の銀行も誰でもウェルカムというわけではありません。しかも共同名義での開設が可能など邦銀とまったくシステムが違いますので、しっかりした情報が必要です。

国家破産対策の具体的な方法としましては、金や外貨預金、外貨キャッシュの持ち方、今話題のＢＴＣ（ビットコイン）についてなど幅広い情報で皆様の資産保全のサポートをいたします。

他にも、現在保有中の投資信託の評価と分析、銀行や金融機関とのお付き合いの仕方のアドバイス、為替手数料やサービスが充実している金融機関についてのご相談、生命保険の見直し・分析、不動産のご相談など、多岐にわたっております。金融についてありとあらゆる相談が「ロイヤル資産クラブ」で全て受けられる体制になっています。

詳しいお問い合わせ先は「ロイヤル資産クラブ」
TEL：〇三（三二九一）七二九一
FAX：〇三（三二九一）七二九二

一般の方向け「自分年金クラブ」

「自分年金クラブ」では「一〇〇〇万円といったまとまった資金はないけど、将来に備えてしっかり国家破産対策をしたい」という方向けに、比較的「海外ファンド」の中では小口（最低投資金額が約三〇〇万円程度）で、かつ安定感があるものに限って情報提供しています。

このような安定感を持つファンドの中に、年率リターン八・三％（二〇一一年九月〜二〇一七年五月）とかなりの収益を上げながら、一般的な債券投資と同じぐらいの安定感を示しているものもあります。債券投資並みの安定感で、年率リターンが八％以上もあることには驚きます。また海外口座の情報提供や国家破産対策についての具体的な資産分散の助言、そして国家破産時代の資産防衛に関する基本的なご質問にもお答えしておりますので、初心者向きです。
詳しいお問い合わせ先は「自分年金クラブ」
TEL：〇三（三二九一）六九一六
FAX：〇三（三二九一）六九九一
※「自分年金クラブ」で情報提供を行なっている全てのファンドは、「ロイヤル資産クラブ」でも情報提供を行なっております。

投資助言を行なうクラブの最高峰「プラチナクラブ」

会員制組織のご紹介の最後に「プラチナクラブ」についても触れておきます。メインのサービスは、「ロイヤル資産クラブ」と同じで、数々の世界トップレベルのファンドの情報提供です。ただ、このクラブは第二海援隊グループが行なう投資・助言業の中で最高峰の組織で、五〇〇〇万円以上での投資をお考えの方向けのクラブです（五〇〇〇万円以上は目安で、なるべくでしたら一億円以上が望ましいです。なお、金融資産の額をヒヤリングし、投資できる金額が二〇万～三〇万米ドル（二〇〇〇万～三〇〇〇万円）までの方は、原則プラチナクラブへの入会はお断りいたします）。

ここでは、ロイヤル資産クラブでも情報提供しない特別で稀少な世界トップレベルのヘッジファンドを情報提供いたします。皆様と一緒に「大資産家」への道を追求するクラブで、具体的な目標としまして、「一〇年で資金を四倍～六倍（米ドル建て）」「二倍円安になれば八倍～一二倍」を掲げています。プラチナクラブ会員については一〇〇名限定となっていますので、ご検討の方はお早目のお問い合わせをお願いいたします。

詳しいお問い合わせ先は「㈱日本インベストメント・リサーチ」

TEL：〇三（三二九一）七二九一

FAX：〇三（三二九一）七二九二

浅井隆講演会、国家破産対策、インターネット情報

浅井隆のナマの声が聞ける講演会

著者・浅井隆の講演会を開催いたします。二〇一七年は大阪・一〇月二〇日(金)、名古屋・一〇月二七日(金)、東京・一〇月二八日(土)を予定しております。国家破産の全貌をお伝えすると共に、生き残るための具体的な対策を詳しく、わかりやすく解説いたします。

いずれも、活字では伝わることのない肉声による貴重な情報にご期待下さい。

第二海援隊ホームページ

また、第二海援隊では様々な情報をインターネット上でも提供しております。詳しくは「第二海援隊ホームページ」をご覧下さい。私ども第二海援隊グループは、皆様の大切な財産を経済変動や国家破産から守り殖やすためのあらゆる

情報提供とお手伝いを全力で行なっていきます。
※また、このたび浅井隆によるコラム「天国と地獄」を始めました。経済を中心に、長期的な視野に立って浅井隆の海外をはじめ現地生取材の様子をレポートするなど、独自の視点からオリジナリティあふれる内容をお届けします。
ホームページアドレス：http://www.dainikaientai.co.jp/

改訂版!!「国家破産秘伝」「ファンド秘伝」必読です

浅井隆が世界をまたにかけて収集した、世界トップレベルの運用ノウハウ（特に「海外ファンド」に関する情報満載）を凝縮した小冊子を作りました。実務レベルで基礎の基礎から解説しておりますので、本気で国家破産から資産を守りたいとお考えの方は必読です。ご興味のある方は以下の二ついずれかの方法でお申し込み下さい。

①現金書留にて一〇〇〇円（送料税込）と、お名前・ご住所・電話番号およ

び「別冊秘伝」希望と明記の上、弊社までお送り下さい。

②一〇〇〇円分の切手（券種は、一〇〇円・五〇〇円・一〇〇〇円に限ります）と、お名前・ご住所・電話番号および「別冊秘伝」希望と明記の上、弊社までお送り下さい。

郵送先　〒一〇一―〇〇六二　東京都千代田区神田駿河台二―五―一
住友不動産御茶ノ水ファーストビル八階
株式会社第二海援隊「別冊秘伝」係
TEL：〇三（三二九一）六一〇六
FAX：〇三（三二九一）六九〇〇

＊以上、全てのお問い合わせ、お申し込み先・㈱第二海援隊
TEL：〇三（三二九一）六一〇六
FAX：〇三（三二九一）六九〇〇
Eメール　info@dainikaientai.co.jp
ホームページ　http://www.dainikaientai.co.jp

〈参考文献〉
【新聞・通信社】『ロイター』
【書籍・拙著】『ニュージーランド概要』(二水会　オークランド日本経済懇談会)
『Manuka The Biography of an Extraordinary Honey』(Cliff Van Eaton 著)
『The World History of Beekeeping and Honey Hunting』(Ethel Eva Crane 著)
『2014 年日本国破産〈海外編〉』(第二海援隊)
『原発が全くない国、ニュージーランド』(第二海援隊)
【論文】
『ニュージーランドの農業の現状と農業・貿易政策』(農林水産省)
『ニュージーランドの農林水産業の現状及び農業政策（乳製品を中心に）』(日本総合研究所)
『自然エネルギー白書 2015』(環境エネルギー政策研究所)
『ニュージーランドにおける地熱発電』(自然エネルギー財団上級研究員・水野瑛己)
『New Zealand Manuka (Leptospermum scoparium; Myrtaceae)
a brief account of its natural history and human perceptions.』(Jose G.B.Derrik)
『A Brief Survey of Ancient Near Eastern Beekeeping』(Ronan James Head)
【その他】
『かけがえのない旅のつくりかた　ニュージーランド篇』(扶桑社)
【ホームページ】
フリー百科事典『ウィキペディア』
『ウォールストリート・ジャーナル電子版』『FOCUS - ASIA』
『HUFFPOST LIFESTYLE JAPAN』『THE WORLD BANK』
『ニュージーランド政府観光局』『OECD』『JETRO』『IMF』
『ニュージーランド留学センター』『NZ Daisuki.com』『Steens』
『ニュージーランドロングステイ情報センター』『All About』
『在ニュージーランド日本国大使館』『在オークランド日本国総領事館』
『一般財団法人ロングステイ財団』『一般財団法人新エネルギー財団』
『日刊ニュージーランドライフ』『VFS Global』『Stats NZ』
『IMMIGRATION NEW ZEALAND』『GLOBAL NOTE』
『NZ TRANSPORT AGENCY』『InterBusiness Issues』
『South Canterbury Road Safety』『LifestyleOrganizer』
『Department of Conservation (NZ)』『ファインドトラベル』
『National Center for Biotechnology Information』『Zespri』
『ニュージーランドの歩き方』『キャンプハック』『KIRIN』
『日本マヌカハニー協会』『日本養蜂協会』『日本平和学会』
『広島市立大学』『損害保険料率算出機構』『ソナエ』
『Werner Antweiler, University of British Columbia.』
『T-SITE Lifestyle』『READYFOR』『A Successful Failure』
『蓄電池 .net』『発電量ナビ』
『二水会 オークランド日本経済懇談会』

〈監修者略歴〉

浅井　隆　（あさい　たかし）

経済ジャーナリスト。1954年東京都生まれ。学生時代から経済・社会問題に強い関心を持ち、早稲田大学政治経済学部在学中に環境問題研究会などを主宰。一方で学習塾の経営を手がけ学生ビジネスとして成功を収めるが、思うところあり、一転、海外放浪の旅に出る。帰国後、同校を中退し毎日新聞社に入社。写真記者として世界を股に掛ける過酷な勤務をこなす傍ら、経済の猛勉強に励みつつ独自の取材、執筆活動を展開する。現代日本の問題点、矛盾点に鋭いメスを入れる斬新な切り口は多数の月刊誌などで高い評価を受け、特に1990年東京株式市場暴落のナゾに迫る取材では一大センセーションを巻き起こす。その後、バブル崩壊後の超円高や平成不況の長期化、金融機関の破綻など数々の経済予測を的中させてベストセラーを多発し、1994年に独立。1996年、従来にないまったく新しい形態の21世紀型情報商社「第二海援隊」を設立し、以後約20年、その経営に携わる一方、精力的に執筆・講演活動を続ける。2005年7月、日本を改革・再生するための日本初の会社である「再生日本21」を立ち上げた。主な著書：『大不況サバイバル読本』『日本発、世界大恐慌！』（徳間書店）『95年の衝撃』（総合法令出版）『勝ち組の経済学』（小学館文庫）『次にくる波』（PHP研究所）『Human Destiny』（『9・11と金融危機はなぜ起きたか!?〈上〉〈下〉』英訳）『あと2年で国債暴落、1ドル＝250円に!!』『東京は世界1バブル化する！』『株は2万2000円まで上昇し、その後大暴落する!?』『円もドルも紙キレに！　その時ノルウェークローネで資産を守れ』『あと2年』『円崩壊』『驚くべきヘッジファンドの世界』『いよいよ政府があなたの財産を奪いにやってくる!?』『2017年の衝撃〈上〉〈下〉』『ギリシャの次は日本だ！』『すさまじい時代〈上〉〈下〉』『世界恐慌前夜』『あなたの老後、もうありません！』『日銀が破綻する日』『マイナス金利でも年12%稼ぐ黄金のノウハウ』『ドルの最後の買い場だ！』『預金封鎖、財産税、そして10倍のインフレ!!〈上〉〈下〉』『トランプバブルの正しい儲け方、うまい逃げ方』『世界沈没——地球最後の日』『ジム・ロジャーズ緊急警告！　2020年までに世界大恐慌　その後、通貨は全て紙キレに〈上〉〈下〉』『2018年10月までに株と不動産を全て売りなさい！』（第二海援隊）など多数。

世界中の大富豪はなぜＮＺに殺到するのか⁉〈上〉

2017年8月9日　初刷発行

著　者　浅井　隆
発行者　浅井　隆
発行所　株式会社　第二海援隊
〒101-0062
東京都千代田区神田駿河台２-５-１　住友不動産御茶ノ水ファーストビル８Ｆ
電話番号　03-3291-1821　　ＦＡＸ番号　03-3291-1820

印刷・製本／株式会社シナノ

ISBN978-4-86335-175-2

Printed in Japan

第二海援隊発足にあたって

日本は今、重大な転換期にさしかかっています。にもかかわらず、私たちはこの極東の島国の上で独りよがりのパラダイムにどっぷり浸かって、まだ太平の世を謳歌しています。

しかし、世界はもう動き始めています。その意味で、現在の日本はあまりにも「幕末」に似ているのです。ただ、今の日本人には幕末の日本人と比べて、決定的に欠けているものがあります。それこそ、志と理念です。現在の日本は世界一の債権大国（＝金持ち国家）に登り詰めはしましたが、人間の志と資質という点では、貧弱な国家になりはててしまいました。それこそが、最大の危機といえるかもしれません。

そこで私は「二十一世紀の海援隊」の必要性をぜひ提唱したいのです。今日本に必要なのは、技術でも資本でもありません。志をもって大変革を遂げることのできる人物と、それを支える情報です。まさに、情報こそ〝力〟なのです。そこで私は本物の情報を発信するための「総合情報商社」および「出版社」こそ、今の日本にもっとも必要と気付き、自らそれを興そうと決心したのです。

しかし、私一人の力では微力です。ぜひ皆様の力をお貸しいただき、二十一世紀の日本のために少しでも前進できますようご支援、ご協力をお願い申し上げる次第です。

浅井　隆